RELIGIÃO E EXCLUSÃO SOCIAL

JOSÉ CARLOS PEREIRA

Religião e Exclusão Social

A Dialética da Exclusão e Inclusão nos Espaços Sagrados da Igreja Católica na Metrópole

EDITORA SANTUÁRIO
Aparecida-SP

Diretor Editorial:
Marcelo C. Araújo

Editores:
Avelino Grassi
Márcio F. dos Anjos

Coordenação Editorial:
Ana Lúcia de Castro Leite

Copidesque:
Eliana Maria Barreto Ferreira

Revisão:
Bruna Marzullo

Diagramação:
Simone Godoy

Capa:
Júnior Santos

* Revisão do texto conforme o Novo Acordo Ortográfico da Língua Portuguesa, em vigor a partir de 1º de janeiro de 2009

Dados Internacionais de Catalogação na Publicação (CIP)
(Câmara Brasileira do Livro, SP, Brasil)

Pereira, José Carlos
Religião e exclusão social: a dialética da exclusão e inclusão nos espaços sagrados da Igreja Católica na Metrópole / José Carlos Pereira. – Aparecida, SP: Editora Santuário, 2009.

ISBN 978-85-369-0170-1

1. Áreas metropolitanas - Aspectos religiosos 2. Áreas metropolitanas - Aspectos sociais 3. Catolicismo 4. Exclusão social 5. Igreja Católica - São Paulo 6. Inclusão social 7. Religião e sociologia 8. Sacramentos 9. Sagrado 10. Sociologia urbana I. Título.

09-07464 CDD-306.6

Índices para catálogo sistemático:
1. Metrópole: São Paulo: Igreja Católica:
Dialética da exclusão e inclusão nos espaços sagrados:
Sociologia da religião 306.6

Composição, CTcP, impressão e acabamento:
EDITORA SANTUÁRIO - Rua Padre Claro Monteiro, 342
Fone: (12) 3104-2000 — 12570-000 — Aparecida-SP.

Ano: 2012 2011 2010 2009
Edição: **7 6 5 4 3 2 1**

“Espera-se do sociólogo que, à medida do profeta,
dê respostas últimas e (aparentemente) sistemáticas às questões
de vida ou de morte que se colocam
no dia-a-dia da existência social.”

Pierre Bourdieu

Apresentação

Nesta obra, José Carlos Pereira apresenta o resultado de seus estudos, pesquisas e reflexões sobre o poder simbólico da religião, aí particularizando a dialética da exclusão e inclusão nos espaços sagrados da Igreja Católica. Embora essa pesquisa tenha se desenvolvido num cenário católico de uma particular região geográfica – Região Metropolitana de São Paulo – as reflexões realizadas pelo autor mostram-se úteis a todos aqueles que buscam compreender melhor o fenômeno religioso.

O poder simbólico da Religião Católica, como qualquer outro poder, mostra-se ao mesmo tempo complacente e intransigente. Tanto inclui como exclui. Acompanhando longa e minuciosamente a rotina de fiéis e de gerenciadores do sagrado em região bem assistida da capital de São Paulo e em dois bairros mal assistidos da periferia de Osasco (Grande São Paulo), o pesquisador pôde presenciar no dia-a-dia relacionamentos cuja ênfase recai ora na competição, ora na cooperação.

Confirma que em territórios sagrados desenvolvem-se relações que, no dizer de Max Weber, caracterizam-se como relações de luta pacífica.

Aplicando a dialética como método de análise de seu objeto de estudo, explora as possibilidades de compreensão da complexa dinâmica de exclusão e inclusão no cenário religioso católico e realiza sua tarefa atendendo rigorosamente às exigências epistemológicas e metodológicas impostas a uma investigação dessa natureza e desse porte.

Minha condição é privilegiada: sou uma das primeiras leitoras dessa obra. Quero compartilhar com os demais leitores que aí vêm chegando algumas emoções vividas durante minha viagem ao longo do texto. A leitura, bastante mobilizadora, trouxe à tona temas que haviam silenciado e provocou inquietações longamente apaziguadas, que se mostram, agora, ansiosas pela renovação das reflexões e do diálogo.

Como no conto do dinamarquês Hans Christian Andersen, em que o menino revela a nudez do rei, José Carlos Pereira ousa debater aqui um tema muito delicado, quase um tabu.

Sim. De fato ocorre uma complexa dinâmica de exclusão e inclusão no espaço religioso católico, e não poderia ser diferente, pois, como diz o autor, lembrando Bourdieu, "não há espaço, numa sociedade hierarquizada, que não seja hierarquizado e que não expresse as hierarquias e as distâncias sociais". Cabe assinalar que os fenômenos observados pelo pesquisador no interior do Catolicismo são facilmente identificáveis em outros domínios religiosos, embora variem as nuances.

Tal dinâmica das relações de poder nos espaços sagrados, segundo me parece, é muitas vezes ignorada, negada, não admitida, por vezes sequer pressentida pelos fiéis e – quem sabe? – até mesmo por gerenciadores do sagrado.

Por outro lado, a consciência a respeito dessa dinâmica pode favorecer um abuso do poder. Já presenciei uma situação – e essa não teve lugar em cenário católico – em que o discurso do gerenciador do sagrado estabelecia, deliberadamente, uma confusão entre dois domínios. Dirigindo-se aos fiéis, exortava-os a realizarem vultosas doações como “expressão da alegria de receber a visita de Jesus”. Dizia ele: “Quando recebemos um amigo importante em nossa casa, nós nos dispomos a gastar o que temos e o que não temos para acolhê-lo com dignidade e carinho. Que amigo é mais importante do que Jesus? Quem de vocês, reconhecendo esse fato, vai realizar uma oferenda inferior a cem reais?”.

Um equívoco como esse, criado para ser posto a serviço do abuso, do desrespeito, da sujeição e da exploração, trabalha em favor da atrofia das virtudes. Justamente num espaço destinado – entre outros fins superiores – ao despertar das virtudes e seu fortalecimento.

Quero por último dizer que reconheço as qualidades pessoais do autor: a análise e descrição da complexa dinâmica da exclusão-inclusão no espaço religioso católico, bem como a hierarquização do poder nesse cenário, exigem competência, perseverança, paciência, coragem. Competência para compreender o fenômeno e descrevê-lo de modo inteligível; perseverança e paciência para permanecer fiel ao propósito de realizar tarefa assim exigente; coragem para dizer que o rei está nu, uma vez que nossa condição de atores sociais em espaços sagrados não nos poupa dos dinamismos da sociedade abrangente. No conto de Andersen, quem denuncia a nudez do rei? Um menino. E aqui temos outras qualidades do autor: inocência e pureza de intenções.

O que me traz, em síntese, a leitura desta obra? Diz-me que no interior dos espaços sagrados nos é impossível despir completamente nossas vestes de indivíduos criados pra competir, dominar e sermos dominados. Diz-me, também, que tal condição não nos faz necessariamente menores nem piores do que almejamos ser.

A partir dessa constatação, podemos colocar-nos em estado de alerta e, quer estejamos na posição de fiéis ou de gerenciadores do sagrado, podemos cultivar atitudes favoráveis à consecução dos indissociáveis objetivos de reverenciar o Divino e promover a prática do amor fraterno.

Finalmente, cabe reconhecer que a realização desta obra que temos em mãos exigiu de José Carlos Pereira uma boa porção do fôlego vital soprado pelo Criador em suas narinas.

Que nós, seus leitores, façamos jus a tão generosa dádiva!

Prof.ª Dr.ª Ronilda Iyakemi Ribeiro
Universidade de São Paulo – USP
Universidade Paulista – UNIP
Grupo de Trabalho "Psicologia e Religião"
– Associação Nacional de Pesquisa e Pós-Graduação em Psicologia

Sumário

Introdução

Nossa abordagem sobre a religião e sua relação com a exclusão e inclusão será feita da perspectiva de duas distintas áreas de jurisdição da Igreja Católica em São Paulo que englobam parte da Região Episcopal Sé, da Arquidiocese de São Paulo, e a Região Santo Antônio, da Diocese de Osasco, às quais neste trabalho frequentemente daremos os nomes eclesiásticos de setores ou região pastoral. Assim sendo, a área geográfica de que trataremos neste trabalho limitar-se-á à região metropolitana de São Paulo, embora, a título de comparação e fundamentação das inferências obtidas, façamos constantes referências a outras áreas. Nas áreas privilegiadas em nossa pesquisa, duas paróquias constituirão o objeto principal de estudo: a paróquia São Paulo da Cruz, conhecida como Igreja do Calvário, localizada no bairro de Pinheiros, zona Oeste de São Paulo, e a paróquia Nosta Senhora da Conceição, no bairro chamado km 18, em Osasco. Nessa última, daremos prioridade para duas capelas ou comunidades de dois bairros periféricos próximos e similares: a capela de São Pedro (situada no Jardim São Pedro) e a capela Nossa Senhora dos Pobres (situada no Jardim Flor de Primavera). Fizemos nosso trabalho convivendo nestas paróquias a maior parte do tempo e tivemos constantemente, ante os olhos, a vida cotidiana dos fiéis e, com isso, não nos podiam passar despercebidas quaisquer ocorrências, mesmo casuais, como disputas, conflitos, contendas, além dos trabalhos em conjunto, como os mutirões, também os acontecimentos públicos como as festas e as confraternizações, os ritos fúnebres e, acima de tudo, as cerimônias sacramentais, nas quais perfilaram uma infinidade de situações que possibilitaram inferir inúmeros dados. Esses dados auxiliaram na fundamentação desta pesquisa e estão registrados em diversas páginas que compõem este livro.

Este livro está dividido em duas partes, nas quais se perceberá claramente que, embora o assunto principal seja a exclusão e a inclusão social a partir da religião, pois trata da força e do domínio do sagrado e da influência da Igreja Católica na vida das pessoas e na sociedade, determinando comportamentos, atitudes e colocações sociais, constantes referências serão feitas à organização social, dentro e fora do espaço sagrado, bem como a cerimônias e rituais, principalmente os sacramentais, mas também os de cunho mágico e folclórico e demais aspectos da vida religiosa católica, além do tema principal. Adiantamos, portanto, que a questão social de que vamos nos ocupar refere-se direta e estritamente à religião Católica por ser esta uma fonte histórica de produção de bens simbólicos que, por suas características relevantes, sua predominância numérica e seus estreitos laços com outras formas de poder, principalmente o poder político, contribui para perpetuar, no imaginário religioso, a possibilidade de inclusão social a partir da inclusão religiosa.

Na primeira parte, trataremos do espaço sagrado, propriamente dito, a partir do conceito de Mircea Eliade, ou seja, um espaço que "implica uma hierofania, uma irrupção do sagrado que tem como resultado destacar um território cósmico que o envolve e o torna qualitativamente diferente" (Eliade, 1996, p. 30). Um espaço que, através de seus símbolos, mitos, ritos e tudo o que eles representam, faz afluir o imaginário religioso, que, por sua vez, aciona e suscita as representações coletivas decorrentes do sagrado. Nesse sentido, o espaço sagrado aqui se configura no templo, na igreja, nas paróquias, capelas, comunidades, enfim, em territórios ou espaços bem delimitados onde, sob a égide da Instituição Católica, desenvolvem-se relações sociais ou, como sugere

Max Weber (1983, p. 94), relações sociais de luta pacífica. Para tanto, vamos caracterizar seus frequentadores, fazendo um mapeamento que demonstre o perfil da população das duas áreas estudadas e adjacências cujo objetivo é conhecer quem são e como vivem os respectivos habitantes e viandantes dessas áreas geográficas tão distintas e qual o poder que a Igreja Católica tem sobre eles. Além do mais, faremos também um resumo cartográfico das religiões e de outros indicadores sociais destas áreas para depois extrair deles as tipologias das práticas religiosas nos espaços específicos em que centramos nossa pesquisa. Destacaremos, outrossim, o conceito de comunidade como espaço de sociabilidade e solidariedade ou, como sugere Zygmunt Baumam (2003, p. 19), a comunidade como um espaço onde se busca segurança, desvelando, assim, a função social da mesma como meio de supressão da exclusão. Assim, em relação aos dois primeiros conceitos que atraíram nossa atenção nesta primeira parte, o espaço sagrado e o imaginário religioso, encontraremos no primeiro as normas, as regras, a ordem, a obediência, mas também os descomedimentos, a desordem e a desobediência. Veremos também prerrogativas outorgadas e um sistema de obrigações e de direitos e deveres bem definidos que ajudarão a formar o que chamamos de imaginário religioso, legitimando *status* dentro e fora do campo religioso. Para Jacques Le Goff (1985, p. 11), o imaginário é dimensão. Ele pertence ao campo da representação social. Ou seja, na medida em que traduz uma realidade exterior percebida, alimenta o homem e o faz agir. Dessa maneira, para Le Goff, o que o homem considera realidade, como é o caso das representações do sagrado em seus respectivos espaços, é fruto do próprio imaginário. Veremos, portanto, que há uma estreita relação entre o imaginário e o simbólico. O imaginário religioso se assenta e opera através dos sistemas simbólicos, os quais são construídos a partir da experiência dos atores sociais deste campo, de seus desejos, aspirações e motivações. Ele é burilado e estabelecido por uma comunidade ou grupo, como uma resposta a seus conflitos, divisões e violências reais ou potenciais. É uma das forças reguladoras da vida coletiva no espaço sagrado, designando identidades, elaborando determinadas representações de si, estabelecendo e distribuindo papéis e posições sociais, exprimindo e impondo crenças comuns, construindo modelos de bom comportamento. Dessa forma, abordaremos o imaginário religioso como um elemento que interpreta a realidade, suscita a adesão a determinados sistemas de valores sagrados, ao mesmo tempo que motiva à ação e à reação.

Na segunda parte, abordaremos mais diretamente a dialética da exclusão e inclusão nos espaços sagrados, delineando dentro deste enunciado os três amplos conceitos-chave que nele aparecem: dialética, exclusão e inclusão. Aplicaremos a dialética como categoria ou método de pesquisa e, como metodologia, a mesma perpassará todo o trabalho, seja nos conflitos, nas situações paradoxais ou nos diversos outros momentos menos evidentes, mas sempre sob essa perspectiva. De um modo geral, as conceituações de dialética terão, de modo indireto, fundamento nas teorias clássicas dos filósofos gregos pré-socráticos, além de Sócrates e Platão, e nas conceituações que foram deles derivadas, como as que apresentaram Aristóteles, Hegel, Marx e Engels e, por fim, a *Escola de Frankfurt*, com Theodor Adorno, que aponta um novo viés para conceituá-la, além de outros autores que nos ajudarão na releitura e aplicação deste método na análise da temática proposta. A mesma aparecerá com maior destaque no quarto e último capítulo quando versaremos sobre a dialética que engendra o poder simbólico. Já os conceitos de exclusão e, em contrapartida, de inclusão, aparecerão como parte integrante desta dialética. É uma espécie de dinâmica da mesma, geradora de situações sociais que, de certa forma, sinalizam o poder simbólico da religião propriamente dita. A exclusão e seu contrário, a inclusão, serão tratadas a partir da perspectiva sugerida por Serge Paugam, além de aplicarmos conceituações usadas por outros autores que vêm trabalhando as mesmas sob pontos de vista diversos, como Robert Castel e José de Souza

Martins, entre outros. O que queremos elucidar é que o conceito de exclusão não será usado aqui apenas para designar os que estão alijados do mercado de trabalho, mas sim como um conceito sociológico aplicado ao campo religioso, um conceito de fundo, cujo objetivo é ajudar a estruturar essa pesquisa no que tange à demonstração do poder simbólico da religião no que se refere às desigualdades que ocorrem nos espaços sagrados e ao enfraquecimento de vínculos religiosos com uma instituição tradicional que é a Igreja Católica, gerando uma crise de identidade religiosa que pode representar para os fiéis uma ameaça de perda do lugar que ocupam na Igreja e na sociedade. Queremos, portanto, estender a noção de exclusão para além do senso comum, colocando ao lado desta, outros conceitos, apontando outras noções a partir da análise do campo religioso. Ainda no segundo capítulo, traçaremos um mapa do poder simbólico, através do levantamento cartográfico das religiões que se sobressaem na região metropolitana de São Paulo e seus vínculos com outros fatores sociais indicadores da exclusão e da inclusão social, como cor da pele, escolaridade, renda, privação social, mobilidade social (migração) e taxa de homicídio. Relacionadas a essas questões, apontaremos, de forma sucinta, as rupturas no espaço católico e o trânsito religioso, além das assimetrias de direitos que ocorrem na hierarquia católica que revelam a díspar relação nas instâncias sagradas da Igreja.

Para chegar às conclusões ou considerações finais que pretendemos neste livro, recorremos ao auxílio de inúmeros autores, alguns já consagrados como clássicos nas Ciências Sociais, como, Émile Durkheim Max Weber, Bronislaw Malinowski, entre outros, além dos autores mais contemporâneos, mas também de inigualável importância, como Claude Lévi-Strauss, Pierre Bourdieu, Clifford Geertz, Peter Berger, Georges Balandier, Zygmunt Bauman e tantos outros que, de acordo com o momento e a temática discutida, oferecerão, sem dúvida, ferramentas teóricas para a compreensão da mesma. Contaremos, também, com o suporte teórico de autores de outras áreas como Mircea Eliade e Arnold Van Gennep, além de outros menos conhecidos, mas não menos importantes, dentre eles alguns brasileiros, cuja pesquisa nas áreas das Ciências Sociais, com ênfase no campo religioso, vêm ganhando visibilidade e que serão, portanto, devidamente citados no corpo deste trabalho. Esperamos, assim, poder empreender uma viagem no campo simbólico da Religião Católica, desvendando suas formas de poder que respondam aos desafios atuais da realidade social. Este campo, de acordo com Bourdieu, será denominado de sistema simbólico. Nós nos propomos a descrever, nas páginas que se seguem, seu poder, suas variantes e consequências. E, como veremos mais adiante, tratar-se-á de uma modalidade de poder de considerável importância social, porque enquanto conjunto de símbolos se torna "instrumento por excelência de integração social" (Bourdieu, 1998, p. 10).

Primeira Parte

Espaço Sagrado e Imaginário Religioso: *Locus* de Representações Coletivas

1. Templo: espaço sagrado de relações sociais e representações coletivas

> "O que existe de mais sagrado
> num templo é o fato de ser o lugar
> onde se vai chorar em comum.
> Um miserere cantado em
> coro por uma multidão
> açoitada pelo destino vale
> tanto quanto uma filosofia"
> (Miguel de Unamuno, 1996, p. 52).

Para abordar o poder simbólico da religião e sua influência na vida pessoal e social de cada indivíduo ou grupo, é necessário, antes de tudo, discutir a noção de espaço, uma vez que a religião e o poder inerente a ela se configuram a partir de áreas simbolicamente demarcadas. Primeiro, recordamos que, segundo Mircea Eliade (1996, p. 25), "para o homem religioso, o espaço não é homogêneo", ou seja, os espaços não são iguais e, ainda que pareçam similares, eles apresentam rupturas, linhas divisórias reais ou imaginárias e, por mais próximos geograficamente que estejam, apresentam entre si e no interior dos mesmos "porções de espaços qualitativamente diferentes das outras" (Eliade, 1996, p. 25). Portanto, no conjunto das representações do campo social, há apenas dois predicamentos de recintos: o sagrado e o não sagrado ou, como sugere Eliade, o profano. Tais categorias foram por ele profundamente esmiuçadas e, à vista disso, faremos uso desses dois conceitos para analisarmos os templos selecionados nesta pesquisa, vistos como espaços sagrados de relações sociais e representações coletivas. Nesta perspectiva, veremos mais adiante que a sagração dos templos e de seus espaços se dá por intermédio de rituais e, mais especificamente, através das cerimônias sacramentais, ritos indispensáveis para que o sagrado se instaure e sacralize, além do espaço, seus ocupantes, objetos e símbolos. Embora haja outros rituais menos visíveis que cumprem essa mesma função na Religião Católica, o rito sacramental é medular.

Não obstante o processo de sagração do espaço ora tratado, ele é, antes de tudo, um *espaço social*, "definido pela exclusão mútua das posições que o constituem, isto é, como uma estrutura de justaposições sociais" (Bourdieu, 2003, p. 160). Uma área que, embora sirva para práticas religiosas, funciona "como uma espécie de simbolização espontânea do espaço social" (Bourdieu, 2003, p. 160). Segundo Bourdieu, "a estrutura do espaço social se manifesta, assim, nos contextos mais diversos, sob a forma de oposições espaciais" (Bourdieu, 2003, p. 160), e isso não difere dentro do templo católico, onde a ocupação dos lugares, cargos e funções deriva das relações díspares e hierarquizadas existentes na estrutura da Igreja e refletidas na arquitetura interna dos templos. Bourdieu diz que "não há espaço, numa sociedade hierarquizada, que não seja hierarquizado e que não exprima as hierarquias e as distâncias sociais" (Bourdieu, 2003, p. 160). Os espaços sagrados ou templos, como partes integrantes da sociedade, são, portanto, locais que reproduzem as estruturas sociais, onde os indivíduos adquirem um corpo de disposições que lhes permitem agir de acordo com as possibilidades existentes no recôndito dessa estrutura objetiva, que Bourdieu chamou de *habitus*. Essa hierarquização na estrutura da Igreja e no espaço de seus templos será um dos aspectos que evidenciaremos no seguimento desta pesquisa para demonstrar como se manifestam o poder simbólico da religião e as exclusões e inclusões dele derivadas. Lembramos que, dentro dos templos, essas diferenças nem sempre são perceptíveis e, quando elas aparecem, são tidas por certos tipos de católicos como naturais, enquanto que, para outros, é causa de contenda. O acatamento dessas diferenças ocorre porque já estão calcadas no imaginário ou porque estão dissimuladas ou neutralizadas pelo respectivo poder simbólico enquanto seu desacato é resultado do conhecimento desta realidade díspar e da não-conformação com a mesma, suscitando, assim, conflitos que se configuram na disputa pelo poder. Pelo fato de essas relações díspares parecerem surgidas da natureza das coisas sagradas, o domínio da mesma e das relações de uns sobre os outros ganha reforço, acarretando, por um lado, descontentamento e, por outro, subjugação.

Dessa forma, além da estrutura do espaço social que representa o templo, tratamos também de seu espaço físico, com nome, localização geográfica, logradouro, áreas internas demarcadas "onde um agente ou uma coisa se encontra situado, tem lugar, existe. Quer dizer, seja como *localização*, seja, sob um ponto de vista relacional, como *posição*, como graduação em uma ordem" (Bourdieu, 2003, p 160). Enfim, um lugar onde se desenvolvem relações sociais, supostamente objetivadas e regradas pelo sagrado, que explicitam a dinâmica social e que evidenciam o poder que a religião exerce nos sujeitos, designando as capacidades respectivas dos mesmos de realizar ações ou planos muitas vezes contrastantes entre si, motivando, com isso, conflitos que expressam a relação de autoridade ou ostentação de poder que existe entre os agentes nessa modalidade de espaço físico simbolicamente demarcado. Dessa forma, "o espaço social se retraduz no espaço físico" (Bourdieu, 2003, p. 160) dos templos católicos, distribuindo não só os agentes (fiéis e gerenciadores do sagrado), mas também os bens simbólicos, definindo, assim, o valor das diferentes áreas ou subdivisões do espaço social reificado pelo sagrado. Neles, estruturam-se as relações objetivas, além das relações subjetivas no tocante a eles. Desse modo, tratamos do templo e seus espaços físicos como *locus* de manifestação do sagrado e de representações coletivas. Se para Durkheim o sagrado é um traço essencial dos fenômenos religiosos e se define pela oposição ao profano, o sentimento religioso, embora seja concretizado num templo consagrado, tem sua origem na própria vida social e se estabelece nestes respectivos espaços para nortear a vida social, por mais contraditórios e conflitantes que eles venham a ser.

Usamos também o conceito de sagrado dentro das concepções usadas por Peter Berger, Mircea Eliade e Rudolf Otto. Portanto, entenda-se aqui por sagrado "uma qualidade de poder misterioso e temeroso, distinto do homem e, todavia, relacionado com ele, que se acredita residir em certos objetos da experiência" (Berger, 1985, p. 38) e em certos locais. Berger aponta que estas qualidades podem ser atribuídas "a objetos naturais e artificiais, a animais, ou a homens, ou às objetivações da cultura humana" (Berger, 1985, p. 38). Dentro desta concepção, diz ele que se "há rochedos sagrados, instrumentos sagrados, vacas sagradas [...] pode-se atribuir a mesma qualidade ao espaço" (Berger, 1985, p. 38). É o que estamos a fazer quando nos referirmos ao templo. Tratamo-lo detendo-nos numa concepção de espaço em que há uma *hierofania*, isto é, um lugar onde algo sagrado mostra-se ao homem e que, à vista disso, se torna espaço diferenciado aonde se vai para a prática de rituais religiosos. É isso que caracteriza o templo católico como espaço sagrado de relações sociais. Nele, de maneira mais ou menos confusa, fluem o imaginário religioso e as representações sociais, configurados nos ritos sacramentais que misturam elementos da fé com exibição de poder, como veremos mais explicitamente quando tratarmos dos sacramentos.

Assim sendo, quando nos referimos ao conceito de sagrado, o fazemos em contraposição ao profano, como sugere Eliade, ou seja, o sagrado sempre balizado pelo profano. Ele é algo que se "manifesta, se mostra como algo absolutamente diferente do profano" (Eliade, 1996, p. 17). É esta hierofania que distingue e identifica os respectivos espaços que privilegiamos nesta pesquisa; os templos católicos de duas áreas, uma no centro e outra na periferia. Mais adiante os identificaremos através de mapas que os localizam, mostram como funcionam e quais as relações sociais que neles se desenvolvem. Veremos que esses locais se destacam dos demais que a cidade grande oferece porque representam uma alternativa diferenciada de sociabilidade. Neles, os fiéis têm a possibilidade de se tornar conscientes do sagrado e do que ele representa na vida pessoal e grupal, na medida em que essa experiência opõe-se ao que está a sua volta, ou seja, o profano, pois, como nos diz Eliade, o sagrado e o profano designam duas modalidades de estar no mundo. Ao manifestar-se, o sagrado entra na história, assumindo e expressando suas características socioculturais. Essas características socioculturais ficarão patentes quando confrontarmos as realidades dos templos das duas distintas áreas estudadas.

Para Rudolf Otto (1992), o sagrado é uma categoria de interpretação e de avaliação que, embora só exista no domínio religioso, denota a manifestação do poder divino que influencia a vida social. A essa manifestação ele deu o nome de *numen*, ou seja, algo totalmente distinto de qualquer coisa, experiência ou lugar. Desse modo, ainda que o sagrado se apresente como uma categoria complexa, é uma realidade de ordem absolutamente diversa da realidade natural, cujas características passam pela experiência daquilo que ele chamou de *mysterium tremendum*, isto é, uma vivência de terror perante o ser ou objeto sagrado, similar ao que Kierkegaard (1979, p. 107) chamou de *tremor e temor* diante das coisas grandiosas que se encontram nos espaços sagrados e que merecem respeito.

Embora nossa pesquisa esteja centrada no território metropolitano, ressaltamos que não pretendemos entrar na árdua discussão sobre o conceito de *cidade*, tendo em vista que o mesmo pode ser definido de formas muito diversas, e não é nosso objetivo entrar no mérito da questão conceitual deste tema. Pretendemos apenas situar, em linhas gerais, os locais onde se manifestam os diversos tipos de catolicismos aqui detectados e analisados no intento de estabelecer uma linha divisória entre as distintas maneiras de se relacionar com o sagrado, a fim de inferir dados que contribuam para a compreensão do poder simbólico da religião na vida social. Quanto à realidade urbana da metrópole, apesar de sua complexidade e extensão territorial e dos individualismos próprios deste ambiente, a mesma não significa ausência de relações sociais, ao contrário, impulsiona as pessoas a procurarem formas alternativas de relacionamento, sendo uma delas a busca pela comunidade religiosa. Nessa perspectiva, mais adiante voltaremos nossa atenção para as comunidades que se formam em torno dos templos, as igrejas, e teceremos ponderações acerca desse conceito opondo-o ao conceito de sociedade, mesmo que seja igualmente complexo falar de comunidade e sociedade numa realidade como a que analisamos.

Cabe-nos agora interrogar o que leva as pessoas dos grandes centros urbanos como os que analisamos, com uma infinidade de alternativas sociais, a buscar os templos como ambiente de convivência. De acordo com as inúmeras entrevistas que fizemos com os participantes das paróquias e capelas, conhecidas como comunidades, as relações sociais dos grandes centros urbanos estão cada vez mais duvidosas, além da violência e outros inúmeros fatores que ajudam a levar as pessoas a buscar, na religião e em seus templos, um espaço de segurança. Isso tem contribuído para a mobilização na busca de outras alternativas, como os grupos e movimentos oferecidos pela Igreja, onde, embora fiquem sujeitas a doutrinas, normas e condições, sentem-se mais seguras contra a violência, além de se sentirem sob a proteção divina. Percebemos que apesar de as ruas terem deixado de ser espaço de socialização, sinalizando a lógica da individualização, isso não suplantou a necessidade inerente da vida em comunidade. Os locais públicos como as ruas, por serem inseguros, representam, em vez de proteção e sociabilidade, desproteção e vulnerabilidade. Tornou-se perigoso andar nas ruas; por isso, num grande centro urbano como São Paulo ou a periferia de Osasco, elas passaram a representar lugares de vulnerabilidade, desempenhando apenas a função de vias de acesso aos locais mais seguros. Um desses locais a que estas vias têm levado é o templo, caracterizado no segmento desta pesquisa como espaço sagrado – portanto, um local de salvaguarda física e espiritual. Busca-se, desse modo, além da proteção divina, recuperar a sociabilidade, inerente ao ser humano. Requer-se um local que possibilite a formação de comunidade, de acordo com toda utopia que ela representa, isto é, demanda-se algo que seja o oposto da rua. Enfim, busca-se o templo porque nele há a promessa de relações fundamentadas na solidariedade e no amor mútuo. Nessa perspectiva, a Igreja, através da ideia de comunidade, representa essa modalidade ideal de vida social, tornando-se, assim, portadora de uma utopia cujas ações em seu interior se configuram em representações simbólicas inclusivas, como veremos mais adiante. Assim, quando nos referimos ao templo, o usamos como sinônimo de espaço de comunidade, portanto, *locus* de representações sociais e *espaço social* de expressão do imaginário religioso.

Para isso nos apropriamos do conceito de Bourdieu ao afirmar que também pretendemos, aqui, "assegurar a reprodução do espaço social e do espaço simbólico, sem ignorar as contradições e os conflitos que podem estar na base das transformações desses dois espaços e de suas relações" (Bourdieu, 1997, p. 28). As contradições e conflitos, que emanam dos mesmos, permeiam este trabalho, deixando claro que eles, por serem também espaços sociais, não estão isentos destas relações conflituosas, que aqui classificamos como dialéticas. Essas características são provenientes das relações hierarquizadas de poder, que aqui também são detectadas. Portanto, de acordo com Bourdieu, o templo não deixa de ser "um espaço social, um espaço de diferenças, no qual as classes existem de algum modo em estado virtual, pontilhadas, não como um dado, mas como algo que se trata de fazer" (Bourdieu, 1997, p. 28). Neste aspecto, a igreja não difere dos demais espaços sociais, comandando, assim, "as representações que os agentes sociais podem ter" deles (Bourdieu, 1997, p. 27). Tais relações neste campo são representações de força e poder. Portanto, a igreja, templo, é também um espaço onde emergem relações conflituosas, semelhantes às que Bourdieu (1997, p. 27) focalizou ao analisar o espaço social global, classificado como *campo*.

> É isso que acredito expressar quando descrevo o espaço social global como um *campo*, isto é, ao mesmo tempo, como um campo de forças cuja necessidade se impõe aos agentes que nele se encontram envolvidos, e como um campo de lutas, no interior do qual os agentes se enfrentam, com meios e fins diferenciados conforme sua posição na estrutura do campo de forças, contribuindo assim para a conservação ou transformação de sua estrutura (Bourdieu, 1997, p. 27).

Nos templos, encontramos grupos que estão mobilizados para defender seus interesses, sejam eles de caráter político ou religioso. Ações que também podem ser caracterizadas como relações de domínio. Desse modo, o que Bourdieu sugere no texto acima, nós introduzimos no léxico da análise sociológica do campo religioso, principalmente as noções de "espaço social" e de "campo de poder" (Bourdieu, 1997, p. 48), visando provocar uma ruptura com a tendência de pensar o mundo social de maneira substancialista (Bourdieu, 1997, p. 48) ou mesmo reducionista. Com isso, percebemos que a noção de espaço, seja social ou religioso, "contém, em si, o princípio de uma apreensão *relacional* do mundo social: ela afirma, de fato, que toda a 'realidade' que designa reside na *exterioridade mútua* dos elementos que a compõem" (Bourdieu, 1997, p. 48). Dentro de um mesmo espaço social, seja ele sagrado ou não, convivem diferenças sociais que geram antagonismos individuais e grupais, revelando um campo de forças contrárias que, por sua vez, faz emergir os conflitos que Bourdieu classifica como "enfrentamentos coletivos entre os agentes situados em posições diferentes no espaço social" (Bourdieu, 1997, p. 49) e que nós chamamos de relações dialéticas de exclusão e inclusão. É o que ocorre, em diferentes níveis, no campo religioso, mais especificamente no templo como espaço sagrado.

Enfim, o templo é o que chamamos de espaço onde o sagrado se manifesta e que, à vista disso, como já vimos, tem sua demarcação própria, diferenciando-se dos demais. Nestes locais delimitados, as representações sociais e coletivas transmutam-se em relações sagradas, ocorrendo, com isso, transformações simbólicas geralmente atribuídas à manifestação divina. Não obstante, o que nos interessa no momento são as delimitações de fronteiras que estas representações provocam, tornando o espaço sagrado. Veremos que para o fiel ou, como sugere Eliade, para o homem religioso, "uma igreja, numa cidade moderna, faz parte de um espaço diferente da rua onde ela se encontra. A porta que se abre para o interior da igreja significa, de fato, uma solução de continuidade" (Eliade, 1996, p. 28), podendo, com isso, significar também uma porta que dá acesso ao mundo exterior, à sociedade como um todo, embora "o limiar que separa os dois espaços" indique, "ao mesmo tempo, a distância entre os dois modos de ser, profano e religioso" (Eliade, 1996, p. 35).

Estes templos, tidos como espaços sagrados, possuem divisões hierarquizadas, mas que nem sempre são visíveis. Somente quando se convive nestes espaços é que se percebe, com nitidez, que há subdivisões. Veremos que nos templos católicos são atribuídos graus variáveis de sacralidade a determinados locais e que o acesso a eles é determinado pelo grau de inclusão daquele que o acessa. A sacralidade mais evidente encontra-se entre o presbitério e a nave central da igreja. No presbitério, o altar é mais sagrado que os assentos dos ministros, e os assentos dos ministros são mais sagrados que o lugar ocupado pela assembleia. Os que têm acesso ao altar são os sacerdotes, ministros da Eucaristia, acólitos e coroinhas. O presbitério é o lugar mais sagrado, perdendo apenas para a capela do Santíssimo, onde ficam as hóstias consagradas (a Eucaristia). Como o próprio nome sugere, presbitério significa lugar do presbítero, do padre; portanto, os demais fiéis que adentram este espaço são aqueles que obtiveram permissão para tal, como os acima citados e, com isso, destacam-se dos demais. Estas subdivisões estão no imaginário religioso das pessoas que frequentam os templos, e, assim, quem tem acesso a eles é visto como mais importante que os demais. Isso representa a confirmação do grau de inclusão religiosa ou *status* perante a comunidade. Dessa forma, já podemos perceber que os templos são hierarquizados, ou seja, são também subdivididos em lugares mais ou menos sagrados, como veremos mais adiante na réplica do templo e suas subdivisões internas.

Por fim, na trilha do pensamento de Eliade, o espaço sagrado do templo manifesta-se como um espaço heterogêneo, isto é, como um meio ontologicamente extraordinário, engendrado no âmago de uma pluralidade aparentemente homogênea de lugares profanos. Todos os espaços, tidos como profanos, equiparam-se porque todos são imprecisos e, segundo Eliade, são fracos, em contraste com um espaço forte, vultoso e preciso, onde o sagrado se manifesta. O espaço, quando sagrado, provoca uma ruptura no espaço profano, abrindo uma fenda que aproxima o mundo real das relações sociais cotidianas com um outro mundo que possibilita ligar a terra e o céu, supondo, portanto, um contato com o transcendente. A relação do fiel com o transcendente e o reflexo da mesma na vida social é o que chamamos de imaginário religioso. Por sua vez, o imaginário religioso se configura num espaço simbólico. É isso que veremos a seguir.

2. O imaginário religioso como guia analítico do espaço sagrado

A argumentação do enunciado proposto neste subtítulo será feita em algumas breves etapas, buscando elucidar o entendimento do imaginário religioso. Na primeira, discorremos sobre o uso corrente do termo "imaginário" e seu emprego nas Ciências Sociais, procurando uma articulação entre o mesmo e seu campo de ação, o espaço sagrado. Na segunda, discorremos sobre o imaginário religioso como guia analítico de penetração no referido espaço onde ocorrem as representações coletivas ou sociais que ressaltam o poder simbólico da religião no tocante às situações, aparentemente paradoxais, que ocorrem nesse espaço, como, por exemplo, as situações de exclusão e inclusão e também suas consequências. Essa conjuntura, tida como contraditória, constitui na verdade um par indissociável e será abordada quando tratarmos do espaço sagrado como *locus* de relação social de luta pacífica ou de "aptidão" entre os atores sociais do catolicismo urbano.

O termo "imaginário", na acepção coloquial, corresponde, de forma despretensiosa, a tudo aquilo que pertence ao domínio da imaginação. Visto apenas por este prima, esse termo significa alguma coisa que, de fato, não existe, porque se trata de algo criado pela imaginação e que, portanto, só nela tem existência. Sendo algo apenas do âmbito da faculdade de criar imagens, que influência tem na esfera do real, isto é, do espaço onde as relações se desenvolvem? Se assim fosse, não teria tanta relevância o emprego desse conceito como categoria de análise do espaço sagrado. Desse modo, não é apenas no sentido coloquial que aqui empregamos o termo "imaginário", embora a imaginação seja fundamental para a concretização da situação ora analisada. Assim, empregaremos o conceito de imaginário no sentido dado por alguns cientistas sociais, como, por exemplo, o significado conferido por Jacques Le Goff (1985) e G. Durand (1997) como algo coletivo e adaptável, emblemático ou simbólico, imaginativo e dinâmico que constitui o sustentáculo não cognitivo das representações coletivas que combinam a coerência figurativa e o lado simbólico de todo comportamento humano, fazendo com que as ações individuais e coletivas que ocorrem no espaço sagrado se configurem em representações sociais. O imaginário representa, assim, um conjunto de fenômenos complexos que intervêm objetivamente na vida social da pessoa religiosa, determinando o comportamento, seja ele cognitivo, ideológico, normativo, e crenças, valores, atitudes, opiniões, imagens que transformam o indivíduo e o meio social em que ele vive. Desse modo, o imaginário é responsável por boa parte do poder simbólico da religião.

Para a percepção do imaginário religioso e suas especificidades nos distintos espaços sagrados como os que aqui analisamos, nós o associamos ao conceito de representação coletiva ou social. Isso porque ambos estão amalgamados e formam praticamente um mesmo conceito. Por exemplo, para Jacques Le Goff (1985, p. 11), o imaginário pertence ao campo da representação social, isto é, ele é uma dimensão tão relevante desse campo que chega mesmo a ser confundido com a própria representação. Ou seja, à medida que o imaginário religioso traduz uma realidade exterior percebida, alimenta o fiel e o faz agir. Dessa maneira, para Le Goff, o que o fiel considera realidade, como é o caso das representações do sagrado em seus respectivos espaços de atuação, é resultado do próprio imaginário. Este, por sua vez, engloba todas as traduções mentais de uma realidade exterior vivida, ultrapassando a realidade concreta e fazendo dos espaços sagrados locais diferenciados, embora as relações nos mesmos não sejam transmutadas, como veremos no decurso desta pesquisa.

No domínio das Ciências Sociais, diversos autores clássicos, de uma forma ou de outra, abordaram o estudo do imaginário, dentre eles Karl Marx, Émile Durkheim e Max Weber. Marx o utilizou dissimulado no conceito de ideologia, isto é, como representação mistificadora da realidade social. Durkheim, embora também não fizesse, diretamente, uso do termo, demonstrou-o de outros modos, como, por exemplo, através da relação entre as estruturas sociais e as representações coletivas e também do modo como estas representações estabelecem a coesão social. Como os demais, Weber tratou de fazer uso do termo com conceitos intermediários, mostrando a questão do sentido que os atores sociais atribuem às suas ações. Nesta pesquisa, transportamos, portanto, o conceito de imaginário social para o campo religioso ou espaço sagrado dos templos, transformando-o numa categoria analítica que auxilia na demonstração da força que a religião exerce na sociedade, determinando o consenso sobre valores, normas, crenças resultantes da socialização e experiências comuns que ocorrem nos territórios em que atuam os sujeitos religiosos. Essa relação de sociabilidade ou socialização mantém a coesão das pessoas em torno de uma certa concordância sobre as significações religiosas, principalmente no que concerne aos sacramentos. Atribuímos ao imaginário religioso a suposta "concordância religiosa" que a estrutura da Igreja proporciona na mente dos fiéis.

À vista disso, entendemos por imaginário religioso a *universalidade* que existe no pensamento dos sujeitos católicos, seja entre os que residem nos bairros mais nobres, como os que pertencem ao setor Pinheiros, em São Paulo, ou os que residem na periferia, como no setor Santo Antônio, em Osasco. Fundamentamos essa afirmação na teoria de Claude Lévi-Strauss (2000), que, embora não opere com o conceito de imaginário, utiliza conceitos como mitos, ritos e sua função social, o que o torna próximo daquilo que entendemos como imaginário e campo religioso, onde esses temas estão sempre presentes. Ademais, Lévi-Strauss considera a existência de uma certa universalidade na mente humana, afirmando que, em toda parte, ela é a mesma, com as mesmas capacidades, não importando se os sujeitos pertencem às sociedades ditas *primitivas* ou *modernas* (Lévi-Strauss, 2000, p. 30). Ele lembra ainda que "ambos são movidos por necessidade ou desejo de compreender o mundo que os envolve, a sua natureza e a sociedade em que vivem" (Lévi-Strauss, 2000, p. 31). Assim sendo, existem também, no pensamento religioso, elementos comuns que independem da camada social, constituindo, assim, tal "universalidade", o que chamamos de imaginário religioso. Ou seja, uma espécie de consenso acerca de alguns elementos norteadores do sagrado. Os fiéis católicos moradores da periferia que buscam o templo agem por meios intelectuais e religiosos similares aos daqueles que residem nos bairros mais nobres da cidade. Independentemente de a ação religiosa ser do pobre ou do rico, ela está inserida na representação de uma ordem extrassensorial ou sobrenatural de seres, potências, valores últimos, inatingíveis pela experiência comum de quem quer que seja, tanto deste como daquele grupo religioso, independentemente de ele ser do centro ou da periferia. Todos são estimulados por alguma coisa comum, seja por necessidades espirituais ou pelo desejo de compreender o mistério do sagrado que comanda a vida de quem tem fé. Nisso também consiste a ação do imaginário religioso, não importando se o fiel vem desta ou daquela camada social ou área geográfica da cidade.

Retornamos, agora, ao questionamento apresentado no início desta reflexão sobre a influência que o imaginário (nesse caso, o imaginário religioso) tem na esfera do real, ou seja, do espaço onde as relações se desenvolvem. Dizemos que ele também possui uma função social, com aspectos políticos e ideológicos, por meio dos quais os fiéis são efetivamente mobilizados. Nos espaços sagrados, os fiéis, além de manifestar sua relação com o sagrado, definem suas identidades e seus objetivos, formando círculos ou grupo de pessoas com quem se relacionam movidos por compatibilidade ou interesses. Esses agrupamentos comumente rivalizam entre si no pleito por visibilidade ou lugar de destaque, seja no templo ou na conjuntura institucional da Igreja. Assim, o espaço sagrado consiste num campo de luta pelo poder, em que se cruzam interesses de grupos e ideologias religiosas. Desse modo, o imaginário religioso passa a ser um instrumento ideológico de dominação de um grupo sobre o outro.

Nessa articulação, ocorrem comportamentos de apropriação de símbolos que representam poder no espaço sagrado. Tal apropriação consiste, entre outras coisas, em apoderar-se de lugares e funções de visibilidade no referido espaço e portar no interior do mesmo, durante as cerimônias, objetos e símbolos que reforcem sua superioridade ou influência na hierarquia da Igreja. Assim, um dos aspectos do imaginário religioso é o político, no sentido da legitimação de um sistema de classificação entre os grupos e os sujeitos desses, de acordo com seu poder simbólico. Este tipo de ação visa interesses, e, no entanto, é norteada por crenças, valores e símbolos expressivos do campo religioso que compreendem o contexto emocional das partes envolvidas, além de atitudes ou atividades pregadas ou cultuadas que demonstram este aspecto interesseiro.

É assim que o campo do imaginário religioso, a Igreja, é também um campo de relações políticas no exercício do poder simbólico que, de acordo com Backso, "não consiste meramente em acrescentar o ilusório a uma potência 'real', mas sim em duplicar e reforçar a dominação efetiva pela apropriação de símbolos e garantir a obediência pela conjugação das relações de sentido e poderio" (Backso, 1985, p. 299). Nesse aspecto, também Bourdieu (1988, p. 8), embora não tenha utilizado a expressão "imaginário religioso", adiciona a esse conceito um outro, o de sistema simbólico. Para Bourdieu, o sistema simbólico é formado dos mesmos elementos do imaginário religioso, isso porque a religião (juntamente com a arte e a língua) é também um sistema simbólico.

Portanto, o mecanismo do sistema simbólico não deixa de ser uma estratégia política de luta pelo poder simbólico. De acordo com Bourdieu, "o poder simbólico é um poder que aquele que lhe está sujeito dá àquele que o exerce" (Bourdieu, 1998, p. 188). O poder atribuído ao imaginário religioso, ou sistema simbólico, é classificado como político. Isso porque ele acaba sobrepondo-se nas relações sociais que se dão no espaço sagrado, caracterizando-se como uma relação de "aptidão" (Weber, 1983, p. 94). Associada a essa relação de luta pelo poder simbólico no espaço sagrado, Bourdieu (1998, p. 11) detecta a existência de uma "violência simbólica", que nada mais é do que a dominação de um grupo sobre outro por meio dos símbolos e das palavras. Bourdieu confirma ainda que "o que faz o poder das palavras e das palavras de ordem, poder de manter a ordem ou de a subverter, é a crença na legitimidade da palavra daquele que a pronuncia" (Bourdieu, 1998, p. 15). Portanto, essa modalidade de violência é definida pela "crença", resultado do imaginário religioso.

De certa forma, é o que ocorre na Igreja quando os gerenciadores do sagrado se apossam do direito de decidir sobre a distribuição ou não dos bens simbólicos de salvação (os sacramentos), determinando, assim, a exclusão ou inclusão daqueles que estão sujeitos a ele. Desse modo, o padre ou aquele que controla os bens simbólicos age como ser político. Ou seja, "retira sua força política da confiança que o grupo põe nele" (Bourdieu, 1998, p. 188). E, já que estamos tratando neste capítulo do imaginário religioso no espaço sagrado como categoria de análise das representações coletivas que ali se configuram, nada mais oportuno que finalizar este segundo item parafraseando Bourdieu quando sugere que o homem político (neste nosso caso, o gerenciador do sagrado), pela necessidade que se creia nele com a condição de ele conceder os bens simbólicos e seus benefícios salvíficos sobre os que assim creram, retira sua força religiosa da confiança que o grupo põe nele. Segundo Bourdieu, "ele retira seu poder propriamente mágico sobre o grupo da fé na representação que ele dá ao grupo e que é uma representação do próprio grupo e de sua relação com os outros grupos" (Bourdieu, 1998, p. 188). Enfim, ele exerce o poder porque está unido aos fiéis por uma relação mágica de identificação àqueles que "põem nele todas as esperanças" (Bourdieu, 1988, p. 188). Pelo fato de o poder simbólico dos gerenciadores do sagrado estar ligado aos bens simbólicos, e esses, por sua vez, dependerem do imaginário religioso e da crença, eles, os gerenciadores, estão sujeitos às suspeitas, às calúnias, ao escândalo, enfim, a tudo aquilo que ameaça a crença. Essa vulnerabilidade nas relações com os bens simbólicos e com os sujeitos que os circundam é que faz do espaço sagrado um *locus* de relação social de luta pacífica. É o que veremos a seguir.

3. O catolicismo na metrópole e a classificação dos espaços sagrados: *locus* de relação social de aptidão

Falamos, linhas atrás, a respeito do templo católico como espaço sagrado onde as relações sociais são norteadas pelas representações coletivas que equivalem ao que chamamos de imaginário religioso. Esse, por sua vez, serviu de paradigma para investigar as relações que irrompem no espaço sagrado, em que detectamos uma gama de comportamentos que caracterizam o catolicismo da metrópole e seus templos como fato e espaço de luta pacífica, uma organização com poderes coercivos que incluem e excluem. Isso fez com que percebêssemos também que estes territórios estão dominados pelas competições ou rivalidades. Portanto, é o momento de falar desta categoria de relações sociais, e faremos isto orientados por alguns conceitos de Max Weber (1983), como, por exemplo, o de *relação de aptidão*.

Antes, porém, de elucidar o que é uma *relação de aptidão*, é necessário contextualizá-la, de acordo com as definições de Weber. As relações de aptidão derivam das relações sociais. São uma variante daquilo que Weber chamou de *relação social de luta*, ou seja, "quando a ação se determina pelo propósito de impor a própria vontade contra a resistência da outra ou outras partes" (Weber, 1983, p. 94). Se esse tipo de relação ocorre no espaço sagrado, ele é, segundo Weber, um espaço de luta. Usaremos também outros termos equivalentes ao termo "luta", como conflito, disputa, rivalidade ou mesmo relações dialéticas. Essas relações de rivalidade que detectamos nos espaços sagrados se enquadram naquilo que Weber classificou de *luta pacífica*. A luta pacífica significa os "meios de luta onde não há uma violência física efetiva" (Weber, 1983, p. 94), como os que registramos. Encontramos muitas discussões, intrigas, desentendimentos ideológicos e aborrecimentos derivados da concorrência pelo espaço ou situação da pessoa ou grupo rival. Não detectamos, porém, nenhum caso de agressão física, por isso essa luta no campo religioso católico é, de fato, pacífica. Weber agregou a essa modalidade de luta um outro termo ou conceito, a que já fizemos referência. É o conceito de *aptidão*. Segundo Weber, "à luta pacífica chama-se 'aptidão' quando se trata da aquisição formalmente pacífica de um poder de capacidade próprio em prejuízo das possibilidades de outros" (Weber, 1983, p. 94). Assim sendo, caracterizamos as igrejas católicas das duas áreas estudadas como *locus* de relações sociais de aptidão, porque nelas os poderes, sejam simbólicos ou não, são assumidos, apesar da aparente forma pacífica, em detrimento da possibilidade daqueles que pretendiam conquistar o lugar, formando, assim, um complexo de rivalidades detectadas somente por aqueles que se compatibilizam com um dos inúmeros agrupamentos que se formam nestes espaços.

Desse modo, detectamos, no seguimento desta pesquisa, relações conflitantes no interior dos templos cuja visibilidade foi possibilitada através da identificação de subdivisões internas dentro de um mesmo espaço. Percebemos que havia uns espaços considerados mais sagrados que outros e que o acesso a cada um deles variava de acordo com o grau de inclusão social que o sujeito apresentava na igreja. Foi dentro desta categoria de classificação que pudemos desvendar a existência de uma trama intersubjetiva de ações sociais entrelaçadas nas práticas religiosas dos fiéis que, segundo Weber (1983, p. 76), se determina pela crença consciente no valor religioso ali manifestado que move os atos de fé ou, simplesmente, por sagacidade, no sentido de oportunismo na utilização do poder simbólico.

As inferências do diagnóstico dos espaços sagrados do catolicismo na metrópole foram obtidas através da cartografia interna de dois templos privilegiados nesta pesquisa, com características e localização, propositalmente, bem diferentes. O primeiro corresponde à igreja do Calvário, no setor Pinheiros, e o segundo, à capela de São Pedro, na periferia de Osasco. Percebemos que, em cada um deles, com suas subdivisões de espaços, como podemos conferir nas imagens logo adiante, revela-se, a seu modo, de distintas formas, a relação de aptidão da qual nos fala Weber. Essa constatação só foi possível através da observação *in locus* dos respectivos espaços, observação depois confirmada no depoimento das pessoas que, de uma forma ou de outra, ocupam esses espaços. Afinal, de que tratam estas subdivisões internas de espaços, com gradação de sacralidade distinta? Se todas pertencem ao mesmo espaço sagrado, por que não são igualmente sagradas? Para responder a essas indagações é preciso discorrer sobre as classificações de espaço elaboradas pela Instituição e pelos que estão sujeitos a ela. Elas são repartições físicas e, ao mesmo tempo, simbólicas. Quando apuradas em suas linhas de fronteiras, denunciam não apenas a micro-hierarquia que existe dentro da macro-hierarquia em que consiste a Igreja Católica, mas também os conflitos que ali, nos espaços dos templos, se reproduzem por motivos aparentemente irrelevantes, transparecendo também, nesta esfera, os tratamentos desiguais que se constatam nas outras dimensões da Igreja e da sociedade. Relações sociais que, segundo Weber, se caracterizam como luta pacífica, porque a vontade de um indivíduo ou grupo acaba por se sobrepor à de outros, enquadrando-se naquilo que ele classificou como *aptidão ordenada*, ou seja, quando esta ação social "é orientada, nos seus fins e nos seus meios, por uma ordem determinada" (Weber, 1983, p. 94). De que ordem fala Weber? Da ordem no sentido de "tradição de mérito: validade do que existiu sempre" (Weber, 1983, p. 91). Também a ordem "em sentido de uma crença afetiva (especialmente emotiva)" (*idem*) e, ainda, ordem "em virtude de uma crença racional em atenção a valores: vigência do que se tem como de valor absoluto" (*idem*), como as que ocorrem na religião e em seus respectivos espaços. Ou ordem também "em virtude do estatuído positivamente, em cuja legalidade se acredita" (*idem*). Na ordem hierárquica da Igreja, essa crença provém dos cânones elaborados pela Instituição eclesiástica, cujas normas e doutrinas, por serem estatuídas, são normalmente críveis. Normas que os que ocupam as bases, principalmente os que se enquadram na tipologia do *catolicismo tradicional urbano* (Camargo, 1971, p. 18), não ousam questionar, obedecendo-as porque são preceitos jurídicos da Igreja. Esses preceitos já estão no imaginário religioso e são eles que contribuem para legitimar a referida ordem.

Ao adentrarmos as particularidades destes espaços, buscando dissecar as relações muitas vezes subliminares que ali se desenrolam a partir das linhas divisórias dos templos, foi possível desvendar um mundo de relações, a princípio disfarçadas, que, trazidas à baila, ajudaram a elucidar o conjunto de células que forma o tecido das relações sociais que se amparam no poder simbólico. Esses microespaços sagrados, imersos no espaço dos templos, possuem operações peculiares que reproduzem outros tipos de relações, como sugere Bourdieu (1997, p. 157); relações baseadas numa "economia de bens simbólicos". Relações que, longe de serem aleatórias, são reveladoras da lógica conflitante que constitui estes espaços, cravando neles todos os impasses sociais que se configuram num processo dialético de exclusão e inclusão, semelhante ao que ocorre em outros campos sociais. É nesta perspectiva que nos referimos a dois conceitos de espaço dentro do templo: o geográfico (físico, visível e divisível) e o simbólico (metafísico), com suas divisões imaginárias, mas não menos importantes no âmbito do poder simbólico. Ambos estão amalgamados e interligados e servem de plataforma de apoio no controle dos bens simbólicos. Por conseguinte, é o assenhoreamento da soma dos espaços físico e metafísico (simbólico) que concede influência àqueles que o ocupam. Esses compartimentos dos templos católicos, principalmente nos mais tradicionais, têm referências arquetípicas que em tudo lembram o Templo de Jerusalém na Palestina do início da era Cristã, com suas divisões e subdivisões bem determinadas que classificavam seus ocupantes de acordo com sua categoria ou função social, determinando, assim, as relações, a partir da dimensão espacial e geográfica desse Templo. Estas classificações eram constitutivas do sistema religioso da época, cujas representações e práticas ainda se refletem na arquitetura da Igreja Católica. Colocamos e comentamos aqui a réplica deste Templo porque ela ajuda a elucidar as divisões de espaços dos templos católicos ora tratados.

No Templo de Jerusalém, o mais importante dos espaços era chamado de *santo dos santos*. Era onde se guardava a Arca da Aliança, isto é, o símbolo da divindade suprema. Tinha acesso a este local apenas o Sumo Sacerdote, e isso somente depois dos devidos ritos de purificação previstos na lei judaica (cf. Lv 11ss.). O espaço que antecedia esse território sagrado, onde eram realizados os rituais sagrados, chamava-se *Pátio dos Sacerdotes*. Quanto aos espaços dos templos católicos, a capela do *Santíssimo* (ou, em algumas igrejas, o *altar-mor*) é o equivalente ao *santo dos santos*. Nela são guardadas as hóstias consagradas, e, além de *Santíssimo*, é conhecida também como *Corpo de Cristo* ou Eucaristia, sendo, portanto, a essência da fé católica. É, como no templo referido, também espaço restrito ao padre e ministros extraordinários da Eucaristia. Somente estes agentes especializados podem manipular o *Santíssimo*, acessando o receptáculo que ocultam da visão dos demais fiéis. No Templo de Jerusalém, precedendo o espaço do *santo dos santos*, havia um outro local denominado de *Santo*, ocupado pelo Sumo Sacerdote.

Deste local era dirigido o culto à divindade suprema confinada no *santo dos santos*, do qual o mesmo recebia os poderes para gerenciar os bens simbólicos. Contrapondo esse espaço ao presbitério do templo católico, observamos que este lugar do presbítero é também de acesso restrito aos gerenciadores do sagrado. É nele que o padre preside a missa e consagra a hóstia; depois de distribuída na comunhão dos fiéis, o restante é guardado no sacrário, recipiente equivalente à arca da aliança. Conforme o desenho do Templo de Jerusalém, percebemos que, antes do espaço do Santo, havia um altar que dividia uma outra área, chamada de Pátio dos Israelitas, cujo acesso era permitido apenas aos homens que se enquadrassem nas normas dos rituais de purificação exigidos pela lei da época. A este se equipara a nave central da igreja, onde permanecem os fiéis durante a cerimônia da missa. Eles só estão autorizados a comungar se estiverem em dia com os sacramentos da iniciação cristã e não tiverem nenhum impedimento canônico. O referido espaço físico do Templo de Jerusalém ainda pode ser comparado aos espaços simbólicos da Igreja que, de forma normativa, coloca critérios para a recepção dos bens simbólicos de salvação, os sacramentos. Para muitos fiéis, estes funcionam como barreiras imaginárias que obstaculizam a inclusão no espaço sagrado, como veremos mais adiante. Se no Templo de Jerusalém as normas eram extremamente rigorosas e, por isso, excluíam a maioria das pessoas, principalmente os pobres, doentes e mulheres, os espaços sagrados atuais não ficam muito aquém. Os mais incluídos ainda são os que têm melhor estabilidade e aceitabilidade social, variando de acordo com a tradição cultural de cada região. A diferença mais acentuada, porém, fica por conta das mulheres, que hoje, apesar de serem maioria nos espaços dos templos, ainda não participam das decisões da hierarquia.

Nesta perspectiva, notamos que, seguido do Pátio dos homens, vinha o setor reservado às mulheres (Pátio das mulheres) e, ao lado deste, encontrava-se o Pátio dos pagãos, separado pela balaustrada, uma linha divisória que marcava os limites entre o território sagrado e o profano. As mulheres, no grau de inclusão religiosa, estavam à frente apenas dos pagãos, um grupo extremamente excluído. Nos demais espaços, à medida que se distanciavam do território sagrado, era permitido o acesso às demais pessoas, sempre de acordo com seu grau de inclusão na sociedade. Tudo era legislado pelo sagrado, pois o mesmo não só representava o poder religioso, mas também o poder político e econômico, ou seja, representava o Estado. A exclusão e inclusão reproduzidas nestes espaços eram reflexos da realidade social que, por sua vez, detinha o poder de incluir ou excluir as pessoas do convívio social, de modo similar ao que estamos deslindando nos espaços da Igreja Católica, e dos quais trataremos com mais ênfase no segundo capítulo deste trabalho.

Desse modo, a reprodução dos fracionamentos espaciais do Templo de Jerusalém, como podemos ver na figura abaixo, com suas separações de espaço mais ou menos sagrado, exemplifica o poder matricial da religião numa sociedade teocrática de antanho, já permeada pela dialética da exclusão e inclusão que agora buscamos inferir no sistema religioso católico contemporâneo. Essa subdivisão, tratada aqui como paradigmática para o catolicismo, contribui para o entendimento das classificações espaciais do templo católico e do poder simbólico que a religião ainda exerce, estampado nas inofensivas repartições de espaços no interior dos templos.

Figura 1: Réplica da planta do Templo de Jerusalém (primeiro século da era cristã).

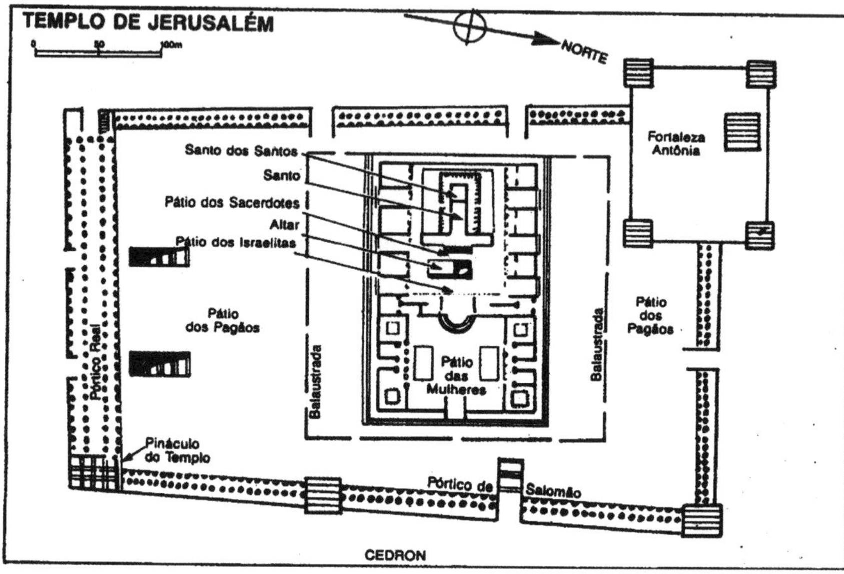

Fonte: *Bíblia Sagrada*, Ed. Pastoral, São Paulo, Paulus, 1990, p. 1.236.

O paralelismo que aqui fizemos entre o templo de Jerusalém e o templo católico propôs demonstrar que a Igreja recebeu certa influência desse modelo estrutural, reproduzindo tais características em suas divisões de espaço, que aqui classificamos em duas categorias: físico e simbólico. Por estarem intimamente vinculados, é complexo fazer tal distinção e detectar suas funções. Uma das formas de identificar estes elementos nestas categorias de espaços é através da observação de seus ocupantes. Para isso, é necessário conviver com eles, e foi o que fizemos durante longos anos de pesquisa. Nesse ínterim, percebemos que os espaços são ocupados de acordo com o grau de participação nas funções do templo do indivíduo que o frequenta. Quanto mais atuante for o fiel na comunidade, mais incluído ele pode considerar-se. A inclusão, portanto, pode ser medida pelo grau de influência nas decisões, pelo controle do território e pelo acesso, durante as cerimônias, nas repartições mais sagradas do templo. Desse modo, os espaços na Igreja Católica são também divididos pela ordem de sacralidade, configurando-se, assim, em indicadores da exclusão e inclusão religiosa. Assim sendo, o trânsito nesses espaços denota tanto o grau de inclusão quanto o de exclusão de um fiel, podendo, portanto, ser caracterizado como retrato da realidade social. Vejamos, a seguir, a reprodução dos espaços internos da igreja dedicada a São Paulo da Cruz (Igreja do Calvário), no bairro de Pinheiros, em São Paulo, cujas subdivisões ilustram o que estamos tratando.

Figura 2: Réplica da planta de uma igreja do centro de S. Paulo, com subdivisões de espaços sagrados.

Igreja do Calvário

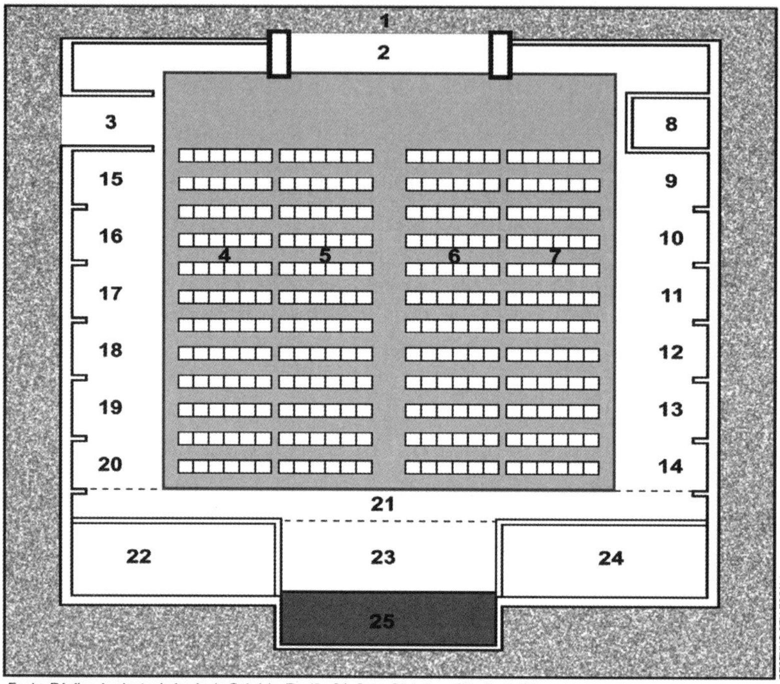

Fonte: Réplica da planta da Igreja do Calvário, Região Sé, Setor Pinheiros, São Paulo SP. Organizado por PEREIRA, J. Carlos, abril de 2003.

Legendas

1 Área limítrofe entre o espaço sagrado e o espaço profano.
2 Pórtico do templo.
3 Área de acesso aos salões de festa.
4 a 7 Fileiras de assentos dos fiéis.
8 Sala de confissões.
9 a 20 Altares dos santos.
21 Linha divisória entre os fiéis e o sacerdote.
22 Sala dos objetos litúrgicos.
23 Presbitério.
24 Sacristia.
25 Altar mor e espaço do sacrário.

O pátio, que circunda o templo (n. 1), é a área limítrofe que demarca as divisões entre os espaços sagrados do templo e os espaços ditos profanos, ou seja, o espaço da rua, praça e, neste caso, do estacionamento. Por estarem muito próximos, recebem influência de ambos os espaços e comportam agrupamentos de diversas categorias de frequentadores, desde os católicos assíduos, até os que, diretamente, nada têm a ver com a Igreja ou a religião. Há um número significativo de pessoas em extremo estado de exclusão: os *lúmpens*, indigentes que permanecem nas imediações e que buscam abrigo neste espaço. Elas ocupam esta área em torno da igreja para pedir esmolas aos que frequentam o templo.

A esta área fronteiriça, todos podem ter acesso, pois se trata de um território público, zona transitória, tanto para os que vêm participar dos rituais do templo quanto para os que estão ali por outras finalidades. Embora seja uma área relativamente livre, é utilizada para atividades da igreja, como festas e quermesses, além de outras sem vínculos religiosos, como, por exemplo, jogos, namoro, *shows,* estacionamento de veículos e outras atividades que nem sempre têm ligação direta com as atividades do templo, formando assim uma linha divisória entre os dois espaços (o sagrado e o profano). A porta do templo coloca o limite entre esses dois espaços, indicando, ao mesmo tempo, a comunicação, a passagem do espaço profano para o espaço sagrado. Essa passagem vem acompanhada de inúmeros ritos: alguns fazem reverências e outros gestos que exprimem sentimentos religiosos, enquanto outros simplesmente ficam ali por segurança, como é o caso dos indigentes. Ao transpor a porta que divide esses dois espaços, o mundo profano é transcendido e, como consequência, a comunicação com o divino torna-se possível. Essa suposta comunicação com o divino significa a possibilidade de transpor também outras portas simbólicas que darão acesso a um mundo imaginário onde as divisões serão superadas, mas essa reflexão ficará para um momento posterior.

O que nos interessa agora é a influência que o espaço sagrado tem no comportamento dos sujeitos que o acessam.

Portanto, a parte que corresponde ao pórtico do templo (n. 2) é a linha divisória que define os dois espaços. A partir dela, já se adentra o espaço sagrado, onde ocorre uma alquimia simbólica e ideológica: mudam-se a postura, os gestos e a entonação de voz. O espaço em si, por ser considerado sagrado, legitima as mudanças conscientes e inconscientes que ocorrem no indivíduo a partir dessa linha imaginária. A "alquimia ideológica pela qual se opera a transfiguração das relações sociais sobrenaturais, inscritas na natureza das coisas e, portanto, justificadas" (Bourdieu, 1992, p. 33) torna-se evidente quando se ultrapassam as fronteiras entre os dois tipos de espaços, revelando-se, assim, como sugere Durkheim (1992, p. 33), as funções sociais que a religião cumpre em favor do corpo social. À medida que se ultrapassa a linha de acesso, os atores sociais ocupam seus espaços no recinto sagrado, de acordo com seu grau de inclusão religiosa. Ao analisar a parte que corresponde aos assentos dos fiéis (cf. figura 2: n. 4, 5, 6 e 7), pode-se constatar que o grau de proximidade e familiaridade no território sagrado, isto é, de se sentir à vontade e seguro nele, varia de acordo com a ocupação dos assentos e das relações que os mesmos mantêm com os altares laterais, altares dos santos (cf. figura 2: n. 9 a 20). Através desse dado, pode-se traçar um perfil de quem está mais envolvido na trama de relações do espaço sagrado, isto é, de quem está mais incluído na igreja.

Os que ocupam os últimos bancos são, geralmente, os que vêm de vez em quando. O ambiente ainda lhes é meio estranho. Os que nem os bancos ocupam, mas apenas visitam os altares laterais e depois saem, são os que se sentem mais distantes ainda, necessitando da mediação dos santos para ter acesso à divindade representada na área mais sagrada do templo (cf. figura 2: n. 25), da qual não se dignam aproximar. São geralmente os transeuntes, os que não tiveram ou não completaram os ritos de passagem (os sacramentos) e, geralmente, pertencem às camadas sociais mais desfavorecidas. Embora sejam anônimos neste espaço, manifestam, como qualquer um, a necessidade do sagrado. Os que ocupam os assentos centrais são os mais assíduos. Frequentam quase todos os finais de semana, mas normalmente são participantes passivos. Entram, "assistem" às celebrações litúrgicas e saem sem nenhuma interferência ou participação direta. Raramente se manifestam e, se isso ocorre, o fazem sempre com muita reserva e discrição. Já os que ocupam os primeiros lugares são os membros mais ativos ou tradicionais na comunidade. Deles fazem parte as senhoras com vários anos de participação e que, geralmente, são membros de irmandades ou movimentos ou de ambos. Além delas, os agentes de pastoral, os que desenvolvem atividades mais próximas ao sacerdote (ministros da palavra, do batismo, leitores, membros das equipes de liturgia etc.). Este público ativo no espaço é classificado como liderança. São os que contribuem, ativamente, para a preparação e o desenvolvimento dos ritos litúrgicos. Além destes, há os que servem diretamente o altar e que estão em maior grau de inclusão. São os ministros da Eucaristia, acólitos e coroinhas. Eles têm acesso direto ao sagrado, podendo adentrar o recinto do presbitério, que, até um tempo muito recente, era espaço só do sacerdote (cf. figura 2: n. 23, 24 e 25). Até o Concílio Vaticano II (1965), as mulheres estavam, praticamente, excluídas deste espaço. Ainda hoje, em determinadas paróquias dos centros mais tradicionais, é possível detectar certa resistência quanto à contribuição das mulheres no manuseio dos símbolos sagrados, como, por exemplo, a distribuição da Eucaristia ou a atuação como acólitos.

Quando se trata dos templos das periferias, estas divisões são bem menos acentuadas ou praticamente inexistentes, e a sacralidade dos espaços parece diluída e enfraquecida. Com isso, o acesso torna-se mais fácil para todos. Somente na hora da cerimônia é que o contorno dos espaços se evidencia. Nestes momentos, constatam-se certas restrições, mas não chegam a ser tão excludentes como as que verificamos anteriormente. À vista disso, colocamos, a seguir, o diagrama de um dos templos privilegiados nessa pesquisa, que se encontra na periferia de Osasco e que mostra claramente do que estamos tratando.

Figura 3: Réplica da planta de uma igreja da periferia com suas divisões de espaços sagrados.

Capela de São Pedro

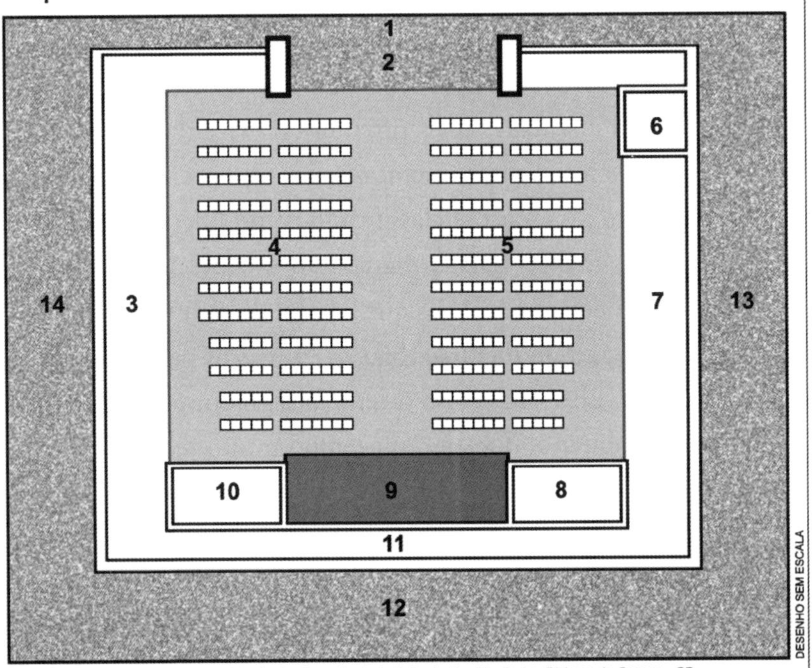

Fonte: Réplica da capela dedicada a São Pedro, Setor Santo Antônio, Jardim São Pedro, Diocese de Osasco - SP
Organizado por PEREIRA, J. Carlos, dezembro de 2004.

Legendas

1	Área limítrofe entre o espaço sagrado e o espaço profano.
2	Pórtico do templo.
3	Corredor lateral.
4 e 5	Fileiras de assentos dos fiéis.
6	Sacristia.
7	Corredor lateral.
8 a 10	Presbitério.
9	Espaço do altar mor e do Santíssimo.
11	Espaço para catequese e reuniões (salas ao fundo da capela).
12	Espaço para festas (anexo à capela).
13 e 14	Linhas divisórias entre o terreno da capela e as moradias dos vizinhos.

Algumas das subdivisões acima são similares às que visualizamos no quadro anterior, mas a maior parte difere, principalmente quando se trata de sua localização e de sua utilização. Enquanto a primeira fica numa área nobre da cidade de São Paulo, a segunda está imersa num bairro pobre da periferia de Osasco, com uma tênue linha divisória entre a capela e as moradias, geralmente barracos com apenas um muro precário que as separam. Tais espaços são tão próximos que às vezes se confundem, formando um todo que interage, e, por conseguinte, as fronteiras entre o sagrado e o profano ficam, assim, diluídas. Uma outra diferença que se destaca entre este e o outro espaço é sua ocupação. Neste último, quase não se percebem separações na hora de ocupar os assentos e na circulação no recinto sagrado, ou seja, não há muitas restrições. Enquanto a missa não começa, é grande o fluxo de pessoas em toda parte, inclusive no presbitério, o que não ocorre no templo visto anteriormente. Depois que a missa tem início, as pessoas se acomodam, naturalmente, em seus respectivos lugares, ficando no presbitério apenas os personagens mais incluídos (o presidente da celebração e os ministros da eucaristia). É nesse momento que ocorre, com maior clareza, a segmentação quanto à ocupação dos espaços no templo da periferia. Como no templo anterior, ela também se dá de acordo com o grau de participação na igreja, apontando, assim, uma realidade de certa forma similar àquela que constatamos anteriormente. Em suma, a gênese dos desdobramentos daquilo que chamamos de exclusão e inclusão nos espaços do catolicismo da região metropolitana de São Paulo foi constatada através da observação do comportamento dos fiéis e das divisões das áreas internas dos templos, com suas repartições que evidenciam tais estratificações no campo religioso católico.

As questões que esse dado suscitou foram de ordem diversa, mas concentramos a atenção em um aspecto recorrente nos diversos depoimentos: a demarcação de território dentro do templo e os atritos decorrentes da entrada não autorizada, desencadeando conflitos no nível das relações pessoais, classificadas aqui como características da dialética da exclusão e inclusão social a partir destas relações. Registramos, a seguir, o depoimento de uma informante privilegiada cuja ação que desenvolve no espaço sagrado está determinada pelo propósito de impor a própria vontade contra a resistência das outras partes, beneficiando-se do tempo que ocupa esse espaço. Dividimos seu testemunho em quatro partes e buscamos extrair dele diversas informações que consideramos relevantes para nossa pesquisa.

Primeira parte: o tempo de ocupação do espaço.

> Cuido da sacristia e das toalhas do altar há mais de quarenta anos. Comecei aqui quando tinha 28 anos, hoje estou com 72. Já vi muita coisa por aqui.

Segunda parte: a exclusão e o processo de inclusão.

> Sou do tempo que mulher não podia limpar o *altar-mor*. Eu fui a primeira mulher que colocou a mão ali. Deu o que falar, mas eu enfrentei de cabeça erguida. Vinha fazer meu serviço, não estava interessada no padre e nem estava querendo me aparecer, como muitos diziam. No começo só limpava a sacristia e o altar de Santa Inês, protetora das moças. Isso já dava o que falar, porque eu era casada e devia deixar os cuidados do altar de Santa Inês para as moças. Foi uma briga danada! Depois comecei a cuidar de outros altares, São José, Santo Antônio e da sacristia. Um dia o padre me falou: "Você vai subir de cargo!" Fiquei espantada, achei que ele ia me mandar embora por causa das fofocas. Mas eu não tinha nada a temer, estava de consciência tranquila fazendo meu trabalho honestamente. Ele me disse: "A partir de hoje é você quem vai cuidar do altar-mor, trocar toalhas, limpar os castiçais..." Levei um susto! Nenhuma mulher tinha feito aquilo antes, por que eu? Não sei o

que passou na minha cabeça. Além do mais, o que o povo ia dizer? Mulher não podia usar calça comprida, e como eu ia subir de saia aquelas escadas lá na frente? Criei coragem, botei um *short* comprido por baixo da saia e assumi o trabalho e estou até hoje.

Terceira parte: o conflito.

No início teve muito falatório! Tinha muita gente fofoqueira aqui e ainda tem! Não pode ver ninguém fazendo seu serviço bem feito que logo já começam a fazer intrigas. Hoje, na idade que estou, não ligo mais pra isso, mas sofri muito aqui! Agora, faço minha parte, e se não me convidam, não me meto na parte dos outros e não gosto que se metam na minha! Quando encontro as coisas desarrumadas fico chateada e, se souber quem foi, eu chamo a atenção. Tem gente que fala que eu sou muito chata!

Quarta parte: demarcação de território.

Que ninguém tire do lugar as coisas que coloco, porque se tirar ou deixar desarrumado, eu brigo mesmo! Sei que estas coisas não são minhas, mas peguei amor e tenho muito ciúme delas. É só perguntar qualquer coisa que sei onde está! Um dia desses a mulherada da missa das nove tirou tudo do lugar e não arrumou. Quando cheguei e vi a bagunça, fiquei nos nervos, até chorei! A gente faz tudo com amor, e vem qualquer um e não respeita o trabalho dos outros. Ah, eu brigo mesmo! (I. M. C.)[1]

---

[1] Depoimento de I. M. C., recolhido na sacristia da Igreja do Calvário em São Paulo, em 8/4/2003, às 7h30.

Como podemos observar, a primeira parte do relato da informante acentua o tempo em que ocupa o espaço. Ele é o elemento mais importante quanto à autoridade no domínio do mesmo. O tempo aqui é senhor de sua história no espaço do templo e legitima a sua ação. Na segunda parte, focalizamos mais o aspecto processual da exclusão que ela, por ser mulher, sofreu na conquista do espaço. Por outro lado, esse processo é bilateral: aos poucos, foi sendo autorizada sua permanência, portanto, sua inclusão nas áreas mais sagradas do templo, o que até então nunca havia acontecido com outra mulher. A terceira parte de seu relato evidencia mais os conflitos que ela encontrou nesse processo de exclusão e inclusão, ou, como sugere Max Weber (1983, p. 94), a *luta pacífica* que se caracteriza em sua ação dentro do templo. Quanto à quarta e última parte, transparece mais a demarcação do território, propriamente dita. O espaço é seu por direito conquistado e é assim que ela se sente.

Esta senhora do relato acima tinha na ocasião 72 anos, era viúva e morava sozinha na Vila Madalena, em São Paulo. O esposo havia falecido há quatro anos e, depois disso, passou a ficar mais na igreja do que em casa. Havia mais de quarenta anos que cuidava dos espaços mais sagrados do templo: o altar-mor, a sacristia e as alfaias. Contou-nos, com certa altivez, o que fazia, demonstrando jovialidade e confiança na continuidade da função. Compreendemos que aquele território já estava demarcado por ela, e outro, que viesse a ocupá-lo, encontraria resistência de sua parte. Ela havia feito dele uma extensão de sua casa, sendo, portanto, o lugar em que passava a maior parte do tempo, fosse a limpar, ornamentar, organizar cada coisa em seu devido lugar ou mesmo a rezar. Sua função no espaço sagrado tornou-se parte integrante de sua vida e, se viesse a ser bloqueada no que fazia, seria o decreto de seu fim, como ela mesma sugeriu.

> Aqui é minha outra casa. Quando não venho, parece que fica faltando alguma coisa [...]. Fico doente se vejo as coisas por fazer e não faço nada. Enquanto Deus me der saúde, quero continuar meu trabalho. Enquanto tiver força, quero continuar sendo útil para a igreja. O dia que não quiserem mais que eu fique aqui, que Deus me leve (*idem*).

Conta com alarde que, apesar de cansada, sente-se muito feliz por atuar naquele lugar sagrado. Acredita que sua força vem, justamente, porque está sempre perto das coisas de Deus. Além de cuidar da sacristia, não perde missa e, à noite, ainda organiza grupos de novena em sua rua. Participa de três irmandades: *Confraria da Paixão, Irmandade de São José* e *Apostolado da Oração*. Sua relação com o sagrado vai além do interior da igreja, mas é no templo, com seus símbolos e suas atividades, que encontra apoio. O espaço sagrado lhe possibilita o acesso a outros espaços, como o entrosamento com famílias que a recebem para as orações. Numa cidade como São Paulo, onde o anonimato e a solidão, características de um grande centro urbano, prevalecem, principalmente para os mais velhos, o fato de ser reconhecida no bairro pelo que faz na igreja é uma forma de inclusão social reservada a poucos em suas condições. Ela confirma essa inclusão ao declarar:

> A igreja me abriu muitas portas. Hoje todo mundo me conhece aqui. Não tenho do que reclamar. Se não fosse a igreja e o trabalho que faço neste lugar, ninguém ia saber que existo, e acho que estaria caducando num asilo ou talvez já tivesse morrido (*idem*).

Ao dizer que todo mundo a conhece, ela se refere ao espaço da comunidade. Seu mundo se limita à igreja e suas extensões. Parafraseando Wittgenstein (1968, p. 56), diríamos que os limites de seu mundo denotam os limites de seu ser e de sua influência enquanto católica atuante na igreja. Seu universo de relações sociais corresponde à comunidade que frequenta desde criança e a suas extensões, como, por exemplo, suas relações de amizade, o trabalho voluntário e a vida religiosa que leva. Foi naquela igreja que celebrou os ritos de passagem de toda a sua família. Apesar de todas as contendas da comunidade, afirma que ama aquele espaço e as pessoas, principalmente os padres, e que se sente querida por muitos e, acima de tudo, amada por Deus. Apesar de sempre estar sorrindo, afirma nutrir algumas mágoas que não deixa transparecer. Não quis partilhar, diretamente, o que era, dizendo "um dia te conto em confissão", mas, indiretamente, deixou transparecer o motivo de seu ressentimento: a concorrência pelo poder que existe no domínio do espaço sagrado.

> Sinto que muitos querem o meu lugar aqui. Parece que todos têm inveja. Não faço as coisas para me vangloriar ou para me aparecer. Faço porque sinto que é Deus que me pede. Mas tem gente que não entende e acha que eu sou dona do pedaço e que estou aqui porque sou melhor que os outros. Já pensei em deixar, ir pra outro lugar, mas me preocupo porque os outros não têm o mesmo cuidado que eu tenho com as coisas de Deus (*idem*).

A altercação sinalizada na declaração de I. M. C. retrata a realidade paradoxal que envolve as relações sociais nos espaços sagrados. É um espaço contraditório porque, apesar de acolher, também repele. É um ambiente que propicia a expansão da convivência e a fraternidade, mas também não negligencia as diferenças e indiferenças nas relações. Nele existe concorrência como em qualquer outro espaço social, e são deles excluídos, entre outros motivos, os que não se enquadram aos padrões determinados pelos que estão numa situação de domínio. O conflito vem à tona quando um ocupa o espaço real ou simbólico do outro sem permissão prévia, ou sem concordância, ou ainda quando alguém age de maneira discordante ou desautorizada no espaço que está sob a égide do outro, colocando em risco a permanência de ambos no espaço. As informações de I. M. C. mostram que cada área dentro da igreja já está previamente demarcada e possui seu controlador, denotando a origem dos atritos existentes nesta esfera. Mas há outros tipos de divergência que afloram e se desdobram a partir das relações de ocupação de uma outra categoria de espaço que transcende o espaço físico: é a disputa de poder pelo espaço simbólico. Nesta, estão envolvidos os mais incluídos, como, por exemplo, o padre, os membros das equipes de liturgia e canto e os que proferem as leituras dos textos sagrados. Reunimos algumas informações de pessoas que fazem parte destas equipes e que expressam bem a relação de domínio nessa categoria de espaço.

N. é uma senhora de aproximadamente 75 anos e, há mais de duas décadas, coordena a liturgia da missa das 9 horas nessa mesma paróquia em que atua I. M. C. Prepara tudo com muito esmero e dedicação e quer acatamento daquilo que organizou, não aceitando mudanças de última hora no roteiro previamente elaborado. Uma de suas colocações comprova essa característica de propriedade do espaço simbólico.

> Quando preparamos a liturgia, sabemos o que estamos fazendo. Tudo é feito segundo orientações dos manuais da CNBB. Quando mudam ou não fazem o que foi preparado, fico muito triste [...]. O padre é o dono da celebração e ele pode mudar o que quiser, mas fico aborrecida quando isso acontece, porque desmerece o trabalho dos outros! Se não é para respeitar, então por que ter equipe de liturgia? (N.).

O respeito a que N. se refere corresponde, no sentido dado por Weber (1983, p. 113), a uma *disciplina*, isto é, à obediência habitual por parte do padre e dos demais ao roteiro que foi preparado, sem resistência ou crítica, acatando-o como foi estipulado. Quando essa disciplina é respeitada, é-lhe conferido *poder*, legitimando para si o espaço simbólico de seu *domínio* – neste caso, a liturgia. O contrário significa um afrontamento à sua ação, a vontade de outro se sobrepondo à sua, gerando a *luta pacífica de aptidão*. Esta relação ocorre entre os que ocupam o espaço sagrado, seja no centro ou na periferia, embora no subúrbio a convivência entre os membros seja menos formal, como pudemos constatar nas comunidades do Jardim S. Pedro e Flor de Primavera, em Osasco.

Pelo fato de as capelas da periferia terem mais características de comunidade, onde todos se conhecem e são, muitas vezes, parentes, compadres ou vizinhos, as relações adquirem outros aspectos, e as fronteiras entre os espaços físico e simbólico são menos perceptíveis, mas mesmo assim elas existem. A informante S. M. R. é agente de pastoral em uma destas capelas e, ao falar da celebração do padroeiro em sua comunidade, cientificou-nos das demarcações de espaço nesta realidade, que funcionam de acordo com a hierarquia da igreja.

> Na festa do padroeiro deste ano queremos que o bispo venha presidir a celebração da missa. Vamos convidar também todos os padres que já passaram por aqui, além dos religiosos e seminaristas que trabalharam nesta capela. As Irmãs (freiras) também virão, só que no altar (presbitério) vão ficar somente o bispo e os padres. Para os demais convidados vamos reservar os primeiros bancos, na fila da direita, perto da equipe de canto. Os ministros da eucaristia só irão até o altar na hora da comunhão e, se estiverem todos os padres convidados, eles serão dispensados de ajudar na distribuição da comunhão [...] (S. M. R.).

A distribuição na ocupação dos espaços no templo segue os critérios usados, de maneira geral, em todos os templos católicos e é reproduzida na base, como constatamos na organização e distribuição prévia, feita por S.M.R. e sua equipe, na festa do padroeiro da capela. Nas missas costumeiras, o presbitério é ocupado pelo padre e pelos ministros da Eucaristia e, nas celebrações da Palavra ou culto, pelos ministros da Palavra e Eucaristia. Durante a cerimônia, a maior parte dos membros da comunidade só se aproxima do altar na hora da comunhão, como acontece nas igrejas da outra área pesquisada, com a diferença de que nas capelas da periferia, fora das missas, as pessoas se deslocam, naturalmente, de um espaço a outro, sem fazer maiores distinções entre eles. Em uma delas, inclusive, era comum até recentemente, após a missa, transformarem o local em salão de baile, jogos ou outra atividade profana, cuja finalidade era arrecadar fundos para a conclusão das obras, ocorrendo, assim, uma transmutação do espaço, fato que não ocorre nos templos mais tradicionais. Nas capelas da periferia, o sagrado está ligado mais à ocasião, ao tempo, que ao espaço físico, podendo este último ser transfigurado a qualquer momento. São os rituais que sacralizam o espaço, e, a seu término, ele pode voltar a ser como era antes, desde que os símbolos sagrados sejam retirados. Quando a capela está concluída e é consagrada pelo bispo ou pelo padre delegado para esse ato, a mesma, comumente, deixa de ser espaço para outros eventos, como ocorreu recentemente com a capela de São Pedro, consagrada há três anos. O que se constata é que, quando o espaço se reveste do sagrado, sua ocupação respeita as normas básicas da hierarquia eclesiástica, conforme o organograma seguinte.

Organograma 1: Hierarquia simplificada da ocupação do espaço sagrado simbólico da Igreja Católica.

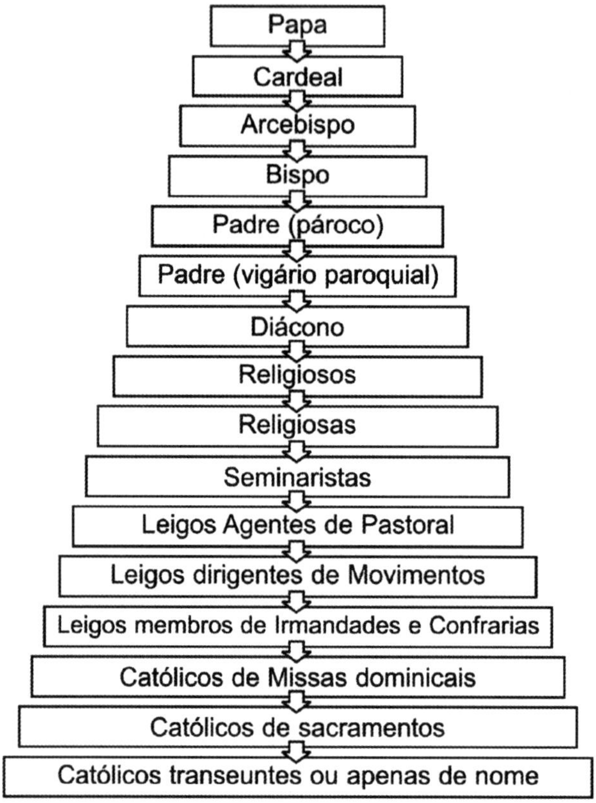

Organizado por: Pereira, J. Carlos.

Essa hierarquia já está introjetada no imaginário religioso dos fiéis, que, a seu modo, reproduzem, em suas respectivas instâncias, esse esquema piramidal de ocupação do espaço. Devido a isso, em ambas as áreas pesquisadas, apuramos que nas relações entre os membros da mesma categoria, e mesmo entre categorias distintas, ocorre aquilo que Weber chamou de relação de *aptidão*. Ou seja, quando se trata da apropriação de um espaço, de *status* ou de poder, mesmo que seja simbólico, em prejuízo das possibilidades de outros, este tipo de relação se configura. Nesse caso, ela se caracteriza como "relação de aptidão ordenada" (Weber, 1983, p. 94), porque está orientada, em seus fins e em seus meios, por uma ordem determinada. A ordem determinada é a que expomos no organograma acima. Quando se acredita que a forma de ocupação destes espaços é legítima, o conflito tende a se dirimir, caracterizando, assim, esta modalidade de relação. De acordo com Weber, a "legitimidade de uma ordem significa para nós alguma coisa mais que uma simples regularidade no desenrolar da ação determinada pelo costume ou por uma situação de interesse" (Weber, 1983, p. 84), como as que ocorrem no espaço sagrado integrante desta estrutura hierárquica. Segundo Weber, "a forma de legitimidade mais corrente hoje é a crença na legalidade: a obediência a preceitos jurídicos positivos instituídos segundo o procedimento usual e formalmente corretos" (Weber, 1983, p. 93), como os que representam a tal estrutura vista acima. Um dos poderes simbólicos da religião é produzir o imaginário religioso que concebe como legítimas as formas de ocupação do espaço e a forma de controle dos bens simbólicos distribuídos pela hierarquia religiosa.

Dentro do espaço onde impera o poder simbólico da religião, apoiado por esta estrutura, há um certo respeito e concordância com a hierarquia, facilitando, habitualmente, a aceitação das relações desiguais, sem críticas ou questionamentos de posturas e atitudes provindas dos escalões superiores. O conflito mais evidente dá-se no âmbito das categorias que ocupam o mesmo grau na pirâmide religiosa. Aqueles grupos ou pessoas que se relacionam entre si, sem intermediários, ou seja, os que manipulam bens simbólicos similares. A senhora N., que ocupa o espaço simbólico da liturgia na igreja do setor de Pinheiros, sempre que vai executá-la, sem perceber, atua numa relação social de luta pacífica com seus iguais ou subordinados, impondo a própria vontade contra a resistência das outras partes envolvidas na mesma ação. É o que ocorre na capela de São Pedro, na periferia de Osasco, quando a agente de pastoral S. M. R. faz a escala dos lugares daqueles que vão ocupar o presbitério no dia da festa do padroeiro. Ela segue padrões pré-determinados que estão no imaginário católico. Em ambos os casos, a relação com categorias distintas, como, por exemplo, com os gerenciadores do sagrado – que, segundo a expressão de N., "são os donos da celebração"–, envolve, como já vimos, a relação de aptidão, favorecendo acatar e reproduzir, de forma pacífica, aquilo que já é previamente sabido, sendo, portanto, uma atitude que representa poder de capacidade, mesmo que isso traga para N. prejuízos na possibilidade de realizar o que previamente preparou. Nesta relação social de luta pacífica dentro do espaço sagrado, o padre detém um poder legitimado pela Instituição, com "ordenamentos estatuídos racionalmente" (Weber, 1983, p. 112), o que lhe "possibilita impor a sua própria vontade, numa relação social" (Weber, 1983, p. 113), mesmo que essa relação se dê no âmbito do espaço sagrado.

Um outro espaço simbólico ocupado na igreja, que evidencia a relação de luta social pacífica de aptidão, é o espaço conquistado pelos que são encarregados da música ou canto litúrgico. Nele, os atores sociais têm oportunidade de representar papéis que os colocam numa posição de destaque em relação aos demais dentro desse espaço. Há os que enxergam nele uma oportunidade de mostrar seus dons e talentos, utilizados como meio para atingir determinados fins dentro ou fora do espaço sagrado como, por exemplo, cantar em bares, clubes e animar festas ou mesmo "fazer carreira", e os que, sem maiores pretensões, se restringem a prestar um serviço no conjunto da cerimônia. O primeiro exemplo vem dos que fazem disso uma profissão, os chamados "profissionais do sagrado". A partir da visibilidade na igreja, são contratados para cantar em casamentos, aniversários e outras oportunidades que possam surgir no âmbito profissional. Mesmo que isso não ocorra ou que não seja diretamente esta a intenção dos agentes, eles não deixam de desempenhar funções de destaque no espaço sagrado, provocando, muitas vezes, rivalidades e conflitos entre si ou com outros grupos direta ou indiretamente ligados a esta função, que são, de certa forma, concorrentes em potencial.

Citamos o caso de J. D., de 42 anos, que canta no coral da igreja desde a idade de 15 anos. Começou a convite da irmã mais velha e da mãe, que já cantavam no mesmo coral. Em conversa informal, partilhou:

> Já recebi vários convites para cantar em diversos lugares e, à medida do possível, aceito, mas sempre procuro conciliar com o compromisso que assumi na igreja, porque, afinal, foi aqui que eu comecei. O dia que eu não posso vir muita gente sente minha falta. Dizem que a missa estava sem "brilho". Mas não é fácil! Se há quem gosta quando eu canto, há quem acha que venho aqui para fazer *show*, que gosto de aparecer. As coisas não são bem assim. Venho porque minha família e eu somos católicos e procuro partilhar os dons que Deus me deu. Faço isso porque gosto, não para me mostrar. Muitos falam por inveja, não podem ver ninguém se saindo bem. Parece que ficam procurando pretexto para poder tomar o lugar dos outros. Mas não dou muita importância, venho e ofereço o melhor de mim e sempre recebo elogios pelo que faço. São coisas como essas que não me deixam desistir de cantar na igreja (J. D.).

Quando perguntamos se já tinha tido algum desentendimento com pessoas que, supostamente, queriam seu lugar, respondeu:

> Já perdi a conta de quantas desavenças já tive por causa disso. E não acontece só comigo. Minha mãe é mais nervosa que eu e não leva desaforo para casa. O que tem que falar ela fala logo! Quando entra numa briga é pra valer. O ano passado foi sugerido outra equipe para cantar na missa do padroeiro. Não concordei porque se eu canto em todas as missas, por que não podemos cantar na missa do padroeiro? Só porque é festa e vem mais gente? Então são eles que querem aparecer. Assim eu brigo mesmo! (J. D.).

Não obstante esse tipo de relação social que transparece no discurso de J. D. sobre o espaço sagrado, nota-se também que ele, o templo e os que o frequentam se caracterizam como comunidade, ou seja, um espaço pequeno, cujos membros "têm crenças e valores comuns" (Douglas, 1986, p. 43), mas que também tem diversidade e divergências, assim como sugere Mary Douglas ao analisar o conceito de comunidade em Michael Taylor (1982, p. 94); "a comunidade é por definição pequena, frontal nas suas interações e de muitas faces nos seus relacionamentos" (Douglas, 1986, p. 43). Sua relação social com os demais, não obstante os conflitos, está baseada na confiança recíproca. Segundo Douglas (1986, p. 42), "a confiança mútua é a base da comunidade". Portanto, esses encadeamentos de conflitos, sanções e recompensas individuais e grupais estão alicerçados em um sentido de solidariedade e são o resultado de suas ligações emocionais e tradicionais com o referido espaço.

Os conflitos são, muitas vezes, oriundos das divergências e das diferenças entre os membros participantes, que, embora professem a mesma fé, não deixam do lado de fora do templo suas crenças, seus "entendimentos privados de Deus" (Douglas, 1986, p. 56) e suas diferenças culturais. Mas, por ora, o conceito de comunidade pode ser, parcialmente, posto de lado, porque o retomaremos nos tópicos mais à frente, quando trataremos da comunidade como espaço de representações sociais, de sociabilidade e solidariedade, baseada no simbolismo sagrado. Antes, porém, faz-se necessário traçarmos o perfil da população das áreas estudadas para não apenas alcançarmos uma melhor compreensão do que ocorre na comunidade ou nos espaços sagrados, mas para avaliarmos o alcance do poder simbólico da religião católica no que concerne à exclusão e à inclusão.

4. O perfil da população dos dois setores investigados

Antes de destacar o aspecto demográfico nos espaços externos do templo católico, seja no setor Pinheiros ou no setor Santo Antônio, convém fazer uma breve descrição da população em geral que habita essas áreas, tendo em vista que boa parte dos católicos que frequentam essas paróquias e capelas é moradora dos bairros que formam os referidos setores. Vejamos, num primeiro momento, os mapas onde esses setores estão localizados e quem são e o que pensam seus moradores. O mapa abaixo corresponde aos bairros de Pinheiros e Perdizes, ambos pertencentes ao setor Pinheiros, e o mapa seguinte abrange os bairros Jardim São Pedro e Flor de Primavera, no setor Santo Antônio, em Osasco.

Mapa 1: Bairros de Perdizes e Pinheiros – São Paulo – Capital.

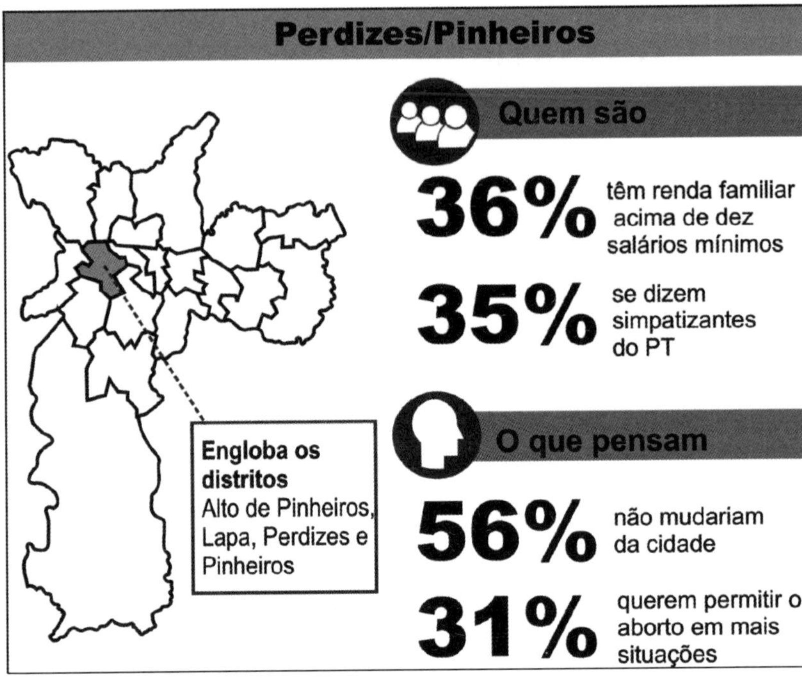

Fonte: DataFolha, 25 de janeiro de 2004

Lançamos mão dos dados do mapa acima, elaborado pelo Datafolha (2004), que apontou as características dos moradores das áreas que englobam os distritos de Alto de Pinheiros, Lapa, Perdizes e Pinheiros e dos dados obtidos na pesquisa de campo no setor Santo Antônio, para obter o perfil da população dessas duas áreas onde concentramos nossa pesquisa. Para conhecer melhor essas regiões, partimos da seguinte indagação: Quem são e o que pensam os moradores dessas áreas? Nos primeiros dados, obtidos através da sondagem dos indicadores sociais mais relevantes, identificamos que o setor onde se localiza o bairro de Pinheiros está acima da média, quando comparado com as demais regiões da cidade de São Paulo. Aqui, 36% têm renda familiar acima de dez salários mínimos, o que faz com que 16%

dos moradores pertençam a um estrato social mais elevado se comparado com o segundo setor pesquisado (Santo Antônio – Osasco), onde apenas 3% declararam ter renda familiar até dez salários, sem que houvesse alguém que recebesse acima desse patamar.

No âmbito político, 35% da população do setor que engloba o bairro de Pinheiros se dizia simpatizante do PT (Partido dos Trabalhadores), embora o político mais identificado com a região fosse o ex-governador Mário Covas (PSDB), falecido em março de 2001. Essa porcentagem se sobressai à de outras localidades em que, segundo a pesquisa Datafolha (2004), a média era de 26%. Um outro dado significativo que essa pesquisa apontou é que 56% não mudariam da cidade, o que significa ser esta uma área de estabilidade residencial e de pouca migração, diferentemente da área periférica de Osasco, em que 59% disseram que voltariam para suas cidades de origem se houvesse melhora da situação dessa região. O índice de satisfação quanto à moradia, no que envolve o setor Pinheiros, mostra que esse setor mantém um patamar de qualidade de vida que agrada seus habitantes, revelando, com isso, que sua inclusão social está acima da média no conjunto da metrópole. Esse dado também aparece quanto ao quesito salário, como vimos anteriormente.

Como era de se esperar numa realidade com esse perfil, questões relacionadas à bioética nem sempre estão em consonância com as orientações da Igreja, por exemplo, quando se trata do aborto. Nesse setor mais rico e estável, de predominância católica, 31% querem permitir o aborto em mais situações, mesmo que a postura oficial da Igreja Católica seja outra. Na periferia, esse índice cai para 20%, mas não vamos entrar na discussão desse tema para não nos alongarmos ou perdermos de vista o que pretendemos. Interessa-nos destacar outros fatores, como, por exemplo, o nível de escolaridade, já que este é um dado relevante quando se trata da exclusão e inclusão social. O primeiro setor concentra um grande número de universitários, embora a frequência destes à igreja seja irrelevante quando comparada com a periferia. No segundo setor, esse número cai para 5%; em compensação, a frequência dos jovens à igreja sobe significativamente, conforme veremos mais adiante.

Mapa 2: Bairros Jardim São Pedro e Flor de Primavera – Osasco-SP

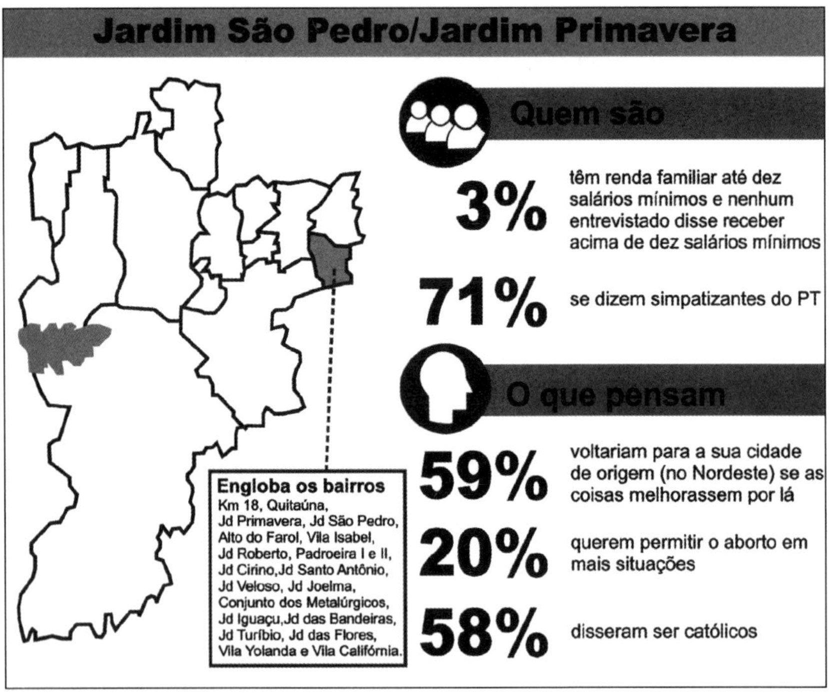

Fonte: Pesquisa de campo coordenada por, Pereira, J. Carlos, com cruzamento de dados fornecidos pela Prefeitura Municipal de Osasco

Na periferia, a presença dos jovens não apenas é maior que no centro como o espaço sagrado, isto é, a igreja, mas é também lugar de agrupamento social, tornando, assim, um lugar de sociabilidade preservado da violência. Ainda no que se refere aos jovens, os números apresentados, no mapa do perfil da população do setor Pinheiros, combinam com o "mapa da juventude" elaborado pelo Datafolha (2004) e com os resultados da pesquisa feita pelo Seade (Sistema Estadual de Análise de Dados) e Cedec (Centro de Estudos de Cultura Contemporânea), que desenham as características dos jovens paulistanos, revelando hábitos e preferências ditadas pelo contraste entre exclusão e prosperidade, apontando a religião, e consecutivamente a igreja, como um relevante *locus* de atividade dos grupos jovens da periferia. Nestas áreas de maior vulnerabilidade social, como as que analisamos em Osasco, as drogas, a violência e a instabilidade social representam fatores que influenciam na busca do espaço sagrado. Desse modo, no contraponto entre estes dois setores, no quesito "participação dos jovens na igreja", o segundo, ou seja, o da periferia, destaca-se do primeiro, com um índice bem superior de participação. A explicação encontrada está nos referidos motivos da busca pela igreja na periferia e na função social que a religião exerce nestas condições, enquanto que em bairros mais centrais, como Pinheiros, pelo fato destes serem locais bons de se morar, os jovens têm outras alternativas de sociabilidade.

Segundo o Datafolha, o bairro de Pinheiros está em terceiro lugar na colocação dos melhores lugares para se morar na grande São Paulo (0,76), perdendo apenas para os bairros de Moema (0,77) e Jardim Paulista (0,78) (Datafolha, 2003, p. 7). Assim sendo, se não são os jovens que procuram a igreja nesta zona, quem são, afinal, os frequentadores dos templos católicos neste setor? A resposta a essa pergunta virá mais adiante, quando tratarmos diretamente deste tema. Vamos, agora, para finalizar, retomar a reflexão iniciada, sobre o tema da escolaridade. A pesquisa supracitada também apontou que 35% dos habitantes do primeiro setor fizeram curso superior, enquanto a média na cidade de São Paulo é de 12% e no setor Santo Antônio é de 5%. Nas tabelas seguintes, é possível visualizar não apenas esse item, mas também o conjunto que compõe o perfil dos moradores desses bairros da zona oeste de São Paulo e das áreas de Osasco privilegiadas na pesquisa. A partir de vários indicadores, como faixa etária, escolaridade, renda familiar, taxa de desemprego, religião, cor da pele, procedência e estabilidade ou tempo de permanência no bairro, é possível saber, com precisão, quem são e o que fazem os moradores desses dois setores. Vejamos, primeiro, um conjunto de tabelas com o perfil dos moradores do setor Pinheiros e adjacências.

Tabela 1

Idade

	Zona Oeste 1*	**Média em S. Paulo**
16 a 25 anos	34%	27%
26 a 40 anos	28%	33%
41 anos ou mais	38%	40%

Tabela 2

Escolaridade

	Zona Oeste 1*	**Média em S. Paulo**
Fundamental	23%	49%
Média	**43%**	39%
Superior	35%	12%
Estuda em Escola pública	8%	13%
Estuda em Escola particular	**14%**	6%

Tabela 3

Renda Familiar no mês em salários mínimos.

	Zona Oeste 1*	**Média em S. Paulo**
Até 2	6%	25%
De 2 a 3	8%	20%
De 3 a 5	**23%**	22%
De 5 a 10	20%	17%
De 10 a 20	**23%**	9%
De 20 a 50	13%	3%
Mais que 50	0%	0%
Não sabe	7%	4%

Tabela 4

Desempregados

	Zona Oeste 1*	Média em S. Paulo
Procuram emprego	**8%**	17%
Não procuram emprego	0%	2%
Total	**8%**	19%

Tabela 5

Religião

	Zona Oeste 1*	Média em S. Paulo
Católicos	**64%**	60%
Evangélicos pentecostais	10%	16%
Evangélicos tradicionais	4%	7%
Espíritas (kardecistas)	5%	7%
Sem religião	17%	10%

Tabela 6

Cor autoatribuída

	Zona Oeste 1*	Média em S. Paulo
Branca	**62%**	46%
Preta	8%	11%
Parda	16%	28%
Amarela	2%	2%
Indígena	1%	2%
Outras	11%	11%

Tabela 7

Nascidos...

	Zona Oeste 1*	Média em S. Paulo
Na cidade	**50%**	47%
No Estado de São Paulo	20%	11%
Na Bahia	13%	11%
Em Minas Gerais	4%	7%

Tabela 8

Tempo de moradia na cidade (dos que não nasceram na capital)

	Zona Oeste 1*	Média em S. Paulo
Até 3 anos	17%	7%
Mais de 3 anos	17%	15%
Acima de 10 anos	**67%**	78%

Tabela 9

Tempo de moradia no bairro

	Zona Oeste 1*	Média em S. Paulo
Até 1 ano	15%	8%
De 1 a 5 anos	18%	17%
De 5 a 10 anos	16%	16%
Mais de 10 anos	**51%**	59%

Fonte: Datafolha. In *Folha de S.Paulo*, Especial 2, quarta-feira, 31 de março de 2004. * A zona Oeste 1 corresponde aos bairros e/ou distritos de Pinheiros, Alto de Pinheiros, Lapa e Perdizes. Elaborado por Pereira, J. Carlos.

Desse modo, podemos constatar que grande parte dos moradores dessa região pertence às camadas média e média alta, dado que difere fundamentalmente da segunda área, o setor Santo Antônio, em que a maioria pertence às camadas mais baixas da população. A pesquisa revelou, outrossim, que aquela é uma população majoritariamente adulta (38% acima dos 40 anos), com bom nível de escolaridade e estabilidade financeira. Essa característica reflete-se nos espaços sagrados, cujos fiéis possuem, predominantemente, um nível superior de instrução. Ainda no que se refere à escolaridade, 14% dos jovens frequentam escolas particulares, o que representa um alto índice quando comparado com a média de toda a grande São Paulo, que está em torno de 6%, o que ajuda a confirmar a informação do segmento social a que pertence esse público. A confirmação de estrato social aparece também no que se refere à renda familiar ao mês (em salários mínimos): 23% recebem entre 10 e 20 salários mínimos ao mês, um índice relativamente alto quando comparado à média paulistana, que atinge apenas 9% da população. Quanto ao nível de desemprego, apenas 8% estão procurando emprego, enquanto que a média na cidade é de 17%. Com estes dados, já é possível concluir que os católicos do setor Pinheiros podem ser considerados socialmente incluídos se comparados aos do setor Santo Antônio. Isto se classificarmos a exclusão apenas pela linha de pobreza, mas não é somente esse aspecto que levamos em consideração nesta pesquisa. Se assim fosse, teríamos uma visão reducionista do que seja a exclusão. Veremos mais adiante que a exclusão comporta valores culturais e discriminações, incluindo, portanto, rupturas afetivas e familiares, ou seja, ela é multifacetada com desdobramentos de difícil captação pelos indicadores sociais convencionais.

Com relação ao dado da religião, que é o que mais nos interessa, a pesquisa confirmou o que já suspeitávamos sobre esse setor de jurisdição da Igreja Católica, ou seja, que essa é uma população de maioria católica, 64%, uma média de quatro pontos percentuais acima da média de toda a grande São Paulo, que está em torno de 60%. Esse dado antecipa o que vamos elucidar mais adiante quando apresentarmos os resultados da cartografia das religiões na grande São Paulo, em que o cruzamento de dados vai apontar que os das camadas mais privilegiadas são, em sua maioria, católicos. Seguido do dado da religião vem o de cor, que também contribui para confirmar a exclusão social a partir desse critério. A população deste setor (Pinheiros) é de maioria branca (62%, enquanto a média na cidade é de 46% e no setor Santo Antônio é de 44%) e, como já vimos, com um certo grau de estabilidade, não só financeira, mas também de permanência na mesma área. Na área do setor Pinheiros, uma média de 50% afirma ter nascido na cidade de São Paulo e 67% e 51% dizem morar no bairro há mais de 10 anos, o que representa uma estabilidade residencial característica dos de maior poder aquisitivo. Já no setor Santo Antônio, em Osasco, o número dos que afirmam ter nascido na cidade atinge apenas 5%, e somente 31% dizem morar no bairro há mais de dez anos.

No contraponto dessas duas realidades, temos, por um lado, um setor bem desenvolvido e com estabilidade em vários aspectos, mas uma igreja mais de sacramentos. Por outro lado, na periferia de Osasco, temos uma realidade com carências e dificuldades que vão desde a violência cotidiana ao desemprego, passando pela instabilidade residencial, cujo fluxo e refluxo de habitantes varia constantemente, mas um público mais atuante na igreja. Para um melhor entendimento dessa realidade, as tabelas seguintes expõem o perfil dos moradores dos bairros Jardim Flor de Primavera e Jardim São Pedro, em Osasco, a partir dos mesmos indicadores do conjunto de tabelas anterior.

Tabela 10

Idade	Jd. S. Pedro e Primavera	Média em S. Paulo
16 a 25 anos	39%	27%
26 a 40 anos	42%	33%
41 anos ou mais	19%	40%

Tabela 11

Escolaridade*	Jd. S. Pedro e Primavera	Média em S. Paulo
Fundamental	54%	49%
Média	25%	39%
Superior	5%	12%
Estuda em escola pública	83%	13%
Estuda em escola particular	1%	6%

Tabela 12

Renda Familiar no mês (em salários mínimos).	Jd. S. Pedro e Primavera	Média em S. Paulo
Até 2	23%	25%
De 2 a 3	45%	20%
De 3 a 5	10%	22%
De 5 até 10	3%	17%

De 10 a 20	0%	9%
De 20 a 50	0%	3%
Mais de 50	0%	0%
Não sabe	19%	4%

Tabela 13

Desempregados

	Jd. S. Pedro e Primavera	Média em S. Paulo
Procuram emprego	19%	17%
Não procuram emprego	5%	2%
Total	24%	19%

Tabela 14

Religião

	Jd. S. Pedro e Primavera	Média em S. Paulo
Católicos	58%	60%
Evangélicos pentecostais	32%	16%
Evangélicos tradicionais	3%	7%
Espíritas (kardecistas)	2%	7%
Sem religião	5%	10%

Tabela 15

Cor autoatribuída

	Jd. S. Pedro e Primavera	Média em S. Paulo
Branca	44%	46%
Preta	14%	11%
Parda	40%	28%
Amarela	0%	2%
Indígena	1%	2%
Outras	1%	11%

Tabela 16

Nascidos...

	Jd. S. Pedro e Primavera	Média em S. Paulo
Na cidade	5%	47%
No Estado de São Paulo	15%	11%
Na região Nordeste do Brasil	71%	11%
Em Minas Gerais	9%	7%

Tabela 17

Tempo de moradia na cidade (dos que não nasceram na capital)

	Jd. S. Pedro e Primavera	Média em S. Paulo
Até 3 anos	28%	7%
Mais de 3 anos	41%	15%
Acima de 10 anos	31%	78%

Tabela 18

Tempo de moradia no bairro

	Jd. S. Pedro e Primavera	Média em S. Paulo
Até 1 ano	29%	8%
De 1 a 5 anos	48%	17%
De 1 a 10 anos	18%	16%
Mais de 10 anos	5%	59%

Fonte: Informações fornecidas pela Prefeitura de Osasco/2003. Tabelas adaptadas ao padrão das tabelas anteriores. Organizado por PEREIRA, José Carlos, dezembro de 2004. * No item "escolaridade", 16% declararam ser analfabetos.

Na tabela 10, sobressai uma população relativamente jovem, ou seja, as pessoas entre 16 a 40 anos somam um percentual de 81%, contra 62% da região anterior e 60% da média em São Paulo. As diferenças aparecem também quando se trata da escolaridade e da renda familiar. Apesar de ser uma população composta de maioria jovem, os que se declararam com ensino superior são apenas 5%, contra 35% da outra área e 12% da média em São Paulo. Isso se explica quando cruzamos essa informação com os dados da migração que nos mostram ser essa uma zona de grande fluxo migratório, o que dificulta a continuidade dos estudos, acrescida da necessidade de trabalhar muito cedo e em horários instáveis que impossibilitam a permanência na escola. No que diz respeito à migração, eleva-se a 71% o número dos que declararam ser oriundos da região nordeste do país, contra 5% dos que declararam ter nascido na cidade. Um índice bem abaixo da média em São Paulo, que é de 47%, e do setor Pinheiros, que é de 50% entre os que afirmam ter nascido no respectivo bairro.

Esta é também uma região abaixo da média de São Paulo no número de católicos, chegando a 58%, enquanto a média geral da capital é de 60%, e no setor Pinheiros, 64%. O número de igrejas evangélicas nesta área é relevante, chegando a quase o dobro da média na capital, como teremos oportunidade de visualizar, mais adiante, no mapa da distribuição das religiões em São Paulo. Mesmo assim, a Igreja Católica desempenha um papel importante nessa área, reforçando os laços de solidariedade entre os fiéis, através dos trabalhos sociais desenvolvidos e das características de comunidade de base que ali se instalaram desde o início da década de setenta, quando os bairros passaram a receber um maior contingente de migrantes nordestinos, que se reuniam na igreja para se organizarem em associações de moradores e outros trabalhos voltados mais para a área social, o que contribuiu, através das conquistas de melhoria para o bairro, para diminuir o grau de exclusão de seus habitantes.

A seguir, faremos um resumo, através de organogramas e mapas, dos dois setores supracitados, especificando sua composição no conjunto eclesial da região metropolitana. Os organogramas visam expor a organização hierárquica da Igreja nestes dois campos privilegiados, apontando as regiões, os setores, as paróquias e as capelas de cada área geográfica, e os mapas mostram o conjunto dos setores que compõem as regiões pastorais de cada jurisdição eclesiástica. Além destes, apresentaremos dois quadros com a demografia de gêneros (presença do número de padres e freiras) nas duas grandes áreas de domínio da Igreja Católica na região metropolitana (a Arquidiocese de São Paulo e a Diocese de Osasco).

5. Apanhado cartográfico e demográfico das duas áreas pesquisadas

No delineamento da ocupação desses dois espaços geográficos da Igreja na região metropolitana, um sob a jurisdição da Arquidiocese de São Paulo e o outro da Diocese de Osasco, constatamos que o conjunto destas áreas é bastante significativo no âmbito de extensão territorial. A arquidiocese de São Paulo compreende uma extensão de 580,1 Km^2, e a Diocese de Osasco estende-se por 2.495,64 km^2 (CERIS, 2005, p. 576), e, para facilitar o controle administrativo, as mesmas estão distribuídas por regiões, que, por sua vez, estão divididas por setores, e os setores se subdividem em paróquias. As paróquias, por seu termo, têm suas capelas e centros comunitários. No organograma abaixo, visualizamos como se estrutura a Arquidiocese de São Paulo.

Organograma 2: Arquidiocese de São Paulo

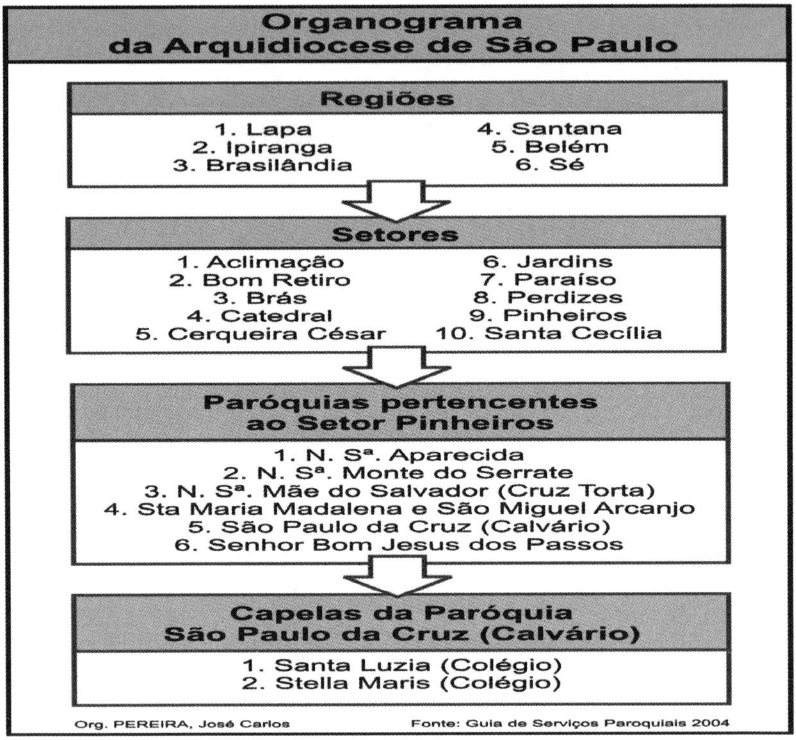

Para garantirmos a comparabilidade na composição dos dois setores e obtermos os melhores resultados deste contraponto, utilizamos um procedimento idêntico na elaboração dos dois organogramas e dos dois mapas referentes às regiões e setores estudados, ou seja, da Arquidiocese de São Paulo e da Diocese de Osasco. Conforme o primeiro organograma, a região privilegiada para nossa pesquisa é a Sé, e o setor, dentre os dez setores, corresponde ao de número nove, Pinheiros. A paróquia deste setor, de onde recolhemos o maior número de dados, é a São Paulo da Cruz (Calvário), embora muitas informações aqui registradas tenham sido obtidas nas outras diversas paróquias que compõem este setor. O organograma 3 corresponde à Diocese de Osasco e mostra, no topo, as regiões pastorais, seguidas das cidades que compõem as mesmas e, logo abaixo, o setor Santo Antônio, com suas respectivas paróquias, dentre elas a de número onze, que corresponde à que escolhemos para a pesquisa. Nessa paróquia composta por oito comunidades ou capelas, privilegiamos duas da periferia para contrapor às do setor Pinheiros. Como já apontamos, são elas: a capela de São Pedro, no Jardim do mesmo nome, e a capela Nossa Senhora dos Pobres, no Jardim Flor de Primavera. Ambas ficam na divisa entre os municípios de Osasco e Carapicuíba, na zona oeste de São Paulo, e se enquadram na categoria de Comunidades Eclesiais de Base.

Organograma 3:

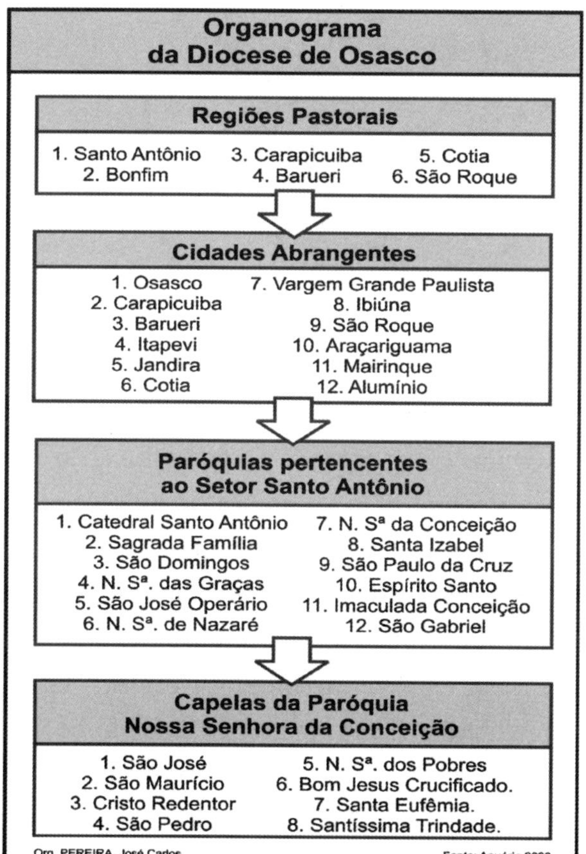

Como tudo o que vamos colocar daqui por diante depende destas informações, achamos por bem elucidá-las, ainda, por meio de mapas. Para uma melhor localização das referidas subdivisões territoriais destas duas áreas, inserimos os mapas, tanto da região Sé (Arquidiocese de S. Paulo), com seus dez setores, quanto do setor Santo Antônio (Diocese de Osasco) e suas respectivas subdivisões. Vemos, a seguir, o mapa da região episcopal Sé.

Mapa 3: Região Episcopal Sé e seus respectivos setores.

Embora o mapa acima mostre apenas os setores da região episcopal Sé, convém descrever a composição geográfica de toda Arquidiocese, que abriga uma população de 5.690.529 habitantes, segundo dados do IBGE (2001), com uma densidade demográfica de aproximadamente 9.822,1 hab./Km² (CERIS, 2005, p. 764). Sua localização geográfica tem como limítrofes as Dioceses de Bragança Paulista, Guarulhos, Mogi das Cruzes, Santo André, Santo Amaro, Campo Limpo, Osasco e Jundiaí (CERIS, 2000, p. 601), ao passo que a área ocupada pela Diocese de Osasco possui uma população de 2.156.554 habitantes (IBGE, 2001), com densidade demográfica de 865,1 hab./km² (CERIS, 2005,

p. 576). A região pastoral Santo Antônio, onde concentramos a outra parte de nossa pesquisa, estende-se numa área de 33,00 km², com uma população de 378.115 habitantes, conforme podemos conferir nas informações do mapa abaixo. Esta área, com 12 paróquias e 53 comunidades, abrange muitos bairros das periferias, como os que forneceram os dados para esta pesquisa (Jardim S. Pedro e Jardim Flor de Primavera).

Mapa 4: Região Pastoral Santo Antônio – Diocese de Osasco.

Região Pastoral (Setor) Santo Antônio.

Área: 33,00 Km².

População: 378.115 habitantes.

Paróquias: 12.

Centros Comunitários: 49.

Comunidades: 53.

Padres Diocesanos: 13.

Padres Religiosos: 12.

Religiosas: 93.

Paróquias do Setor Santo Antônio:

1. Espírito Santo.
2. Imaculada Conceição.
3. N. Sa. da Conceição.
4. N. Sa. das Graças.
5. N. Sa. de Nazaré.
6. Sagrada Família.
7. Santa Izabel.
8. Santo Antônio (Catedral).
9. São Domingos.
10. São Gabriel da Virgem Dolorosa.
11. São José Operário.
12. São Paulo da Cruz.

Fonte: Portal da Diocese de Osasco – regiões. O mapa ampliado ao lado corresponde ao Setor Santo Antônio, e o mapa, ao fundo, à Diocese de Osasco, com suas respectivas regiões pastorais ou setores. Organizado por PEREIRA, J. Carlos.

Além de oferecer dados numéricos básicos e a localização geográfica dos territórios, por meio de mapas, este apanhado nos revelou um outro aspecto pertinente à análise do poder simbólico da religião, as assimetrias de gênero e de participação ativa na Igreja. Embora não seja esse o objeto principal de nossa pesquisa, ele não deixa de ser relevante quando se trata da exclusão e da inclusão. Desse modo, a cartografia dessas áreas territoriais controladas pela Igreja Católica não apenas apontou as desigualdades numéricas da população, mas também antecipou aquilo de que vamos tratar posteriormente, as assimetrias entre homens e mulheres que ocupam seus espaços sagrados. As mulheres, apesar de estarem em um número bem superior aos homens, tanto no centro como nas periferias, ocupam desigualmente os lugares na hierarquia, quando se trata de deliberação no âmbito Institucional. Apesar de não pretendermos tratar agora desta questão, levantamo-la porque, ao construir o mapa destes dois setores e rastrearmos quem são os habitantes desta vasta extensão territorial de domínio católico, descobrimos certa contradição no que concerne ao poder simbólico. Esta constatação tornou-se evidente quando levantamos o quadro demográfico das pessoas consagradas que estão nestes dois territórios. Se nas bases da Igreja há mais mulheres que homens e na vida consagrada também, as resoluções das situações mais relevantes ainda ficam por conta dos homens. Conforme os quadros seguintes, vemos que as mulheres consagradas (freiras) estão em número bem superior aos homens consagrados (padres e religiosos). Apesar de serem maioria, tanto no espaço territorial quanto nos Institutos, não ocupam o espaço simbólico do poder, que ainda é controlado pela minoria masculina. Esse dado muito contribui para a comprovação da tese do poder simbólico da Religião Católica no que se refere à exclusão e à inclusão a partir da ocupação de seus espaços.

Para elucidar essa realidade, compusemos dois quadros similares e os comparamos entre os dois campos de pesquisa. A Arquidiocese de S.

Paulo, a começar pelo número de casas religiosas, agrega um número bem superior de mulheres, quase o dobro, se comparado ao número de homens. Na soma e comparação entre o número de padres e freiras, essa informação torna-se mais contundente ainda. Na época em que o levantamento foi feito, as freiras estavam em um número de 1.070 a mais que os padres, o que confirma, no sentido figurado, uma Igreja com "rosto feminino", no entanto, com "mãos masculinas", isto é, as mulheres aparecem mais, estão mais à frente no campo de ação pastoral, executam as atividades, mas quem legisla ainda são os homens. Essa mesma realidade apresenta-se em Osasco, só que em menor proporção, como podemos comparar nos quadros seguintes.

Tabela 19

Demografia religiosa de gênero na Arquidiocese de S. Paulo	
Casas Religiosas masculinas	173
Casas Religiosas femininas	**296**
Padres Diocesanos	340
Padres dos Institutos Religiosos	574
Religiosas (freiras)	**1986**
Resumo:	
Total da presença masculina	914
Total da presença feminina	**1986**

Fontes: CERIS - Departamento de Estatísticas e Pesquisas Sociológicas. Regional Sul 1. Mapas e quadros Estatísticos, 79. Tabela organizada a partir dos dados do CERIS por PEREIRA, J. Carlos.

Tabela 20

Demografia religiosa de gênero na Diocese de Osasco	
Casas Religiosas masculinas	16
Casas Religiosas femininas	**34**
Padres Diocesanos	64
Padres dos Institutos Religiosos	75
Religiosas (Freiras)	**234**
Resumo:	
Total da presença masculina	139
Total da presença feminina	**234**

Fontes: CERIS. Anuário Católico, 2005, p. 576-581. Tabela organizada por PEREIRA, J. Carlos.

Se as mulheres consagradas (freiras), comparadas aos homens, são, numericamente, maioria no espaço territorial da igreja católica destas duas áreas, o mesmo se repete, conforme os dados do CERIS, nas outras regiões do Brasil. Quando se refere às mulheres não consagradas (leigas), esta realidade aparece de forma ainda mais explícita. Se por um lado elas estão em quase toda parte no templo, no exercício de inúmeras atividades e na representação da base prática do catolicismo, tanto na periferia quanto no centro, por outro, aparecem com pouca ou nenhuma representatividade no que se refere às decisões da hierarquia da Igreja e no gerenciamento dos bens simbólicos, como, por exemplo, o comando das celebrações sacramentais ou a consagração, seja do espaço ou da espécie. São, portanto, personagens ainda figurantes entre os demais atores sociais do campo religioso, onde os homens protagonizam no poder de maior visibilidade, o legislativo. Neste aspecto, há mais de duas décadas, Leonardo Boff registrou essas disparidades, tanto demográfica quanto de domínio, relacionadas à participação e inclusão dos gêneros masculino e feminino no campo religioso institucional católico, acenando, assim, para relações assimétricas no âmbito do poder sagrado. Em fins da década de 70 ele já constatava que:

> As mulheres compõem metade do número dos fiéis e as religiosas somam dez vezes mais do que os religiosos. Apesar disto são, juridicamente, consideradas incapazes para quase todas as funções de direção na Igreja com escassíssima presença nos Secretariados romanos, nas Comissões e Sagradas Congregações. Em razão de uma tradição cultural assumida também na expressão histórica da Palavra de Deus, elas são excluídas do acesso aos cargos ministeriais ligados ao sacramento da Ordem (Boff, 1981, p. 63).

Assim sendo, a desproporção numérica entre homens e mulheres e as desigualdades detectadas nestes espaços representam uma categoria estrutural de exclusão na Igreja que está longe de ser superada. Embora a mulher continue ocupando boa parte dos espaços dos templos, nas bases ainda se constata sua ausência nas funções de direção e sobretudo no ato de gerar e gerir o sagrado, como veremos, mais adiante, quando tratarmos diretamente dos sacramentos. Sem entrarmos agora em pormenores sobre esse tema deveras polêmico para ser tratado no curto espaço desta pesquisa, passemos às observações finais deste tópico da pesquisa.

Sabemos que o empenho, para compreender sociologicamente e de modo integral os espaços acima mapeados e seus ocupantes, consiste num empreendimento ousado devido à própria extensão territorial da realidade estudada e à numerosa e diversificada população destas áreas, cujos frequentadores são também extremamente diversificados. Embora tenhamos privilegiado algumas partes específicas desse território, o desafio de conhecer um maior número dos que frequentam estes espaços e as relações sociais que ali se desenvolvem tornou-se uma empreitada vultosa, mas necessária para a compreensão e a comprovação da tese proposta. Assim sendo, o próximo passo agora é fazer um levantamento dos atores sociais dos templos católicos na metrópole e seus procedimentos ou práticas religiosas nos dois campos de pesquisa, buscando identificar quem são e o que fazem os tipos mais frequentes que encontramos nestes templos urbanos, principalmente no setor Pinheiros, onde o catolicismo é, tipicamente, tradicional urbano, no sentido dado por Cândido Procópio Ferreira de Camargo (1971, p.19). Enfim, o que nos interessa agora é classificá-los para melhor estudá-los. Desse modo, veremos, a seguir, dentro das tipologias e das práticas observadas num local específico (a igreja do Calvário, no setor Pinheiros) que serviu como amostragem, a classificação de seis dos principais tipos que compõem os espaços dos templos neste primeiro setor.

6. Tipologia dos atores sociais do templo católico da metrópole e seus procedimentos no espaço sagrado

Para melhor compreensão do poder simbólico da religião, amparado por um processo dialético que exclui e inclui, é preciso delinear e classificar os tipos de católicos que despontam diante de nossos olhos, dentro da grande configuração da Igreja Católica nos territórios urbanos. Levamos em consideração, ao traçar estes tipos, que os espaços sagrados das igrejas católicas das metrópoles são espaços circunscritos destinados a acolher as diversas categorias de fiéis e outros que a eles acorrem por motivos bem distintos. Essa classificação é resultado da observação, de um modo particular, no campo de pesquisa da igreja de São Paulo da Cruz (Calvário), no bairro de Pinheiros.

Ao analisarmos os atores sociais desse templo católico, classificamos seis tipos comuns em todos os demais desta região, que ajudam a caracterizar o mapa da fé católica na região metropolitana de São Paulo. Na medida em que esboçamos o perfil dos mesmos, esforçamo-nos para compreender, sociologicamente, as expressões que se manifestam nestes espaços e em que elas contribuem para elucidar o conjunto da tese ora tratada. Apuramos que são tipologias, no dizer de Cândido Procópio Ferreira de Camargo (1971, p. 8), que ajudam a refletir as diferenças essenciais das funções da religião e o poder que ela tem sobre a vida das pessoas. Neste caso, tipificamos os distintos frequentadores para entender o processo dialético de exclusão e inclusão que ocorre nos espaços de domínio católico. Distinguimos, assim, as seguintes tipologias:

A. Atuantes.
B. Esporádicos.
C. Habituais.
D. Passivos.
E. Patológicos.
F. Transeuntes.

As peculiaridades destes seis perfis se alicerçam nas diferenças dos modos de inclinação e comportamento que cada um manifesta no interior dos espaços sagrados. Os seis tipos desempenham papéis distintos, alguns com uma certa similaridade, outros com menos, outros ainda reunindo uma ou mais características, mas não deixam de cumprir, tanto uns quanto outros, no que corresponde à configuração e ao significado da interpretação condutora da ação, o vínculo com uma religião socialmente inclusiva.

Na Igreja Católica, o conceito de *atuante* é entendido como um tipo ideal. É aquele que atua em uma ou mais atividades dentro da Igreja e que tem um papel de colaborador, com estreito vínculo com os gerenciadores do sagrado. É um voluntário, conhecido também como agente de pastoral, que aqui, usando uma terminologia empregada neste meio para denominar este tipo de ator social, classifica-se também como "liderança". Além das atividades desempenhadas, participa de reuniões, assembleias, e ajuda nas decisões de base, desde que estas não refiram ou interfiram nas normas e decisões da Instituição. Este agente reúne algumas características oriundas do *catolicismo tradicional rural*, do *urbano tradicional*, com predominância de aspectos do *catolicismo internalizado* (Camargo, 1971), formando, assim, o tipo líder *atuante*. Esse é um tipo de fiel que, além de colaborar com trabalhos voluntários, colabora também com o dízimo e com outros meios, tanto físicos quanto espirituais do templo: formação, organização, dinamicidade, coordenação de grupos de oração e reflexão, promoção humana, além de colaborar para reformas e manutenção do templo. A maioria se encontra na faixa etária entre os 41 e 60 anos, seguida de perto por um grupo entre os 61 a 70 anos. Não é muito comum a presença de jovens nesse grupo. Os mais jovens encontram-se na faixa etária dos 30 anos, mas com pouca representatividade numérica nesta categoria.

Os participantes *esporádicos* são aqueles que, como a própria denominação revela, não têm uma frequência assídua num templo específico, vão nesta ou naquela igreja, principalmente, a cada quinze ou vinte dias ou nas datas festivas da comunidade ou da vida familiar (batizado, casamento, missa de sétimo dia ou outros ritos de passagem vinculados ao espaço sagrado, como festa do padroeiro ou quermesses), sem compromisso pastoral ou outra ligação efetiva e afetiva com esta ou aquela paróquia, muito menos com a instituição eclesiástica. Eles representam uma parcela significativa dos católicos dos centros urbanos. São os que contribuem para que o catolicismo se sobressaia nos dados estatísticos do IBGE, quando comparado com outras religiões, mas geralmente não seguem os preceitos da Igreja Católica. Alguns colaboram com a manutenção do templo com doações sem compromisso fixo, como esmolas nos cofres, doações extras e nas coletas das missas, mas poucos são assíduos na contribuição do dízimo. A colaboração com o dízimo representa um sentido de pertença a uma paróquia, a uma comunidade, e esse aspecto não é relevante para esse grupo que frequenta outras paróquias católicas, podendo transitar entre duas ou três delas durante o mês. À vista disso, regiões populosas como esta analisada, com igrejas relativamente próximas uma das outras, a facilitar a transitoriedade entre os templos, sem criação de vínculos comunitários, proporcionam a frequência em diversas igrejas, principalmente naquelas de santos de devoção popular, como São Judas, Santo Antônio, Santo Expedito, São Francisco, Santa Luzia, entre outros, formando, portanto, o que classificamos de participantes *esporádicos*. Outros que podem ser incluídos neste grupo são os que frequentam uma mesma igreja, mas sem assiduidade, ausentando-se por longos períodos, o que demonstra uma descontinuidade entre a crença e o espaço. De perfil de difícil catalogação, devido à inconstante presença, constatamos que a faixa etária desses católicos está entre os 31 e 50 anos. O templo, enquanto espaço de sociabilidade, é concebido distintamente dos que se enquadram no tipo atuante. Esse perfil ganha visibilidade numérica nas Sextas-feiras Santas e no Natal.

Os *habituais* reúnem algumas características dos *atuantes* e *esporádicos*. Eles se parecem com os *atuantes* no sentido da assiduidade no templo. São aqueles que vêm quase todos os dias, são fiéis aos sacramentos e às normas da instituição, mas não assumem nenhum tipo de trabalho que exija compromisso com a comunidade. Nisso eles se parecem com os *esporádicos*. De explícita prática de um catolicismo tradicional urbano, com aspectos internalizados, são, na grande maioria, oriundos dos movimentos tradicionais católicos como a *Opus Dei,* a *R.C.C.* (Renovação Carismática Católica), entre outros. Apresentam uma religiosidade intimista, que se distingue pela assiduidade da presença nas missas semanais e dominicais. Preservam métodos ortodoxos de participação; defendem, em alguns casos, posturas tradicionais e se destacam também pela tendência à legitimação religiosa dos valores, normas e papéis predominantes na sociedade inclusiva (Camargo, 1971, p. 9) e na Igreja Católica. Esse tipo pode também ter suas fronteiras reforçadas ou flexibilizadas a partir de outras variáveis que funcionam como demarcadores de identidades não apenas porque refletem a adesão a um conjunto de valores e referências ortodoxas, mas também porque criam redes de sociabilidades específicas, como a fidelidade ao movimento, facção ou ideologia religiosa a que pertencem. Como, por exemplo, a identificação a partir de gosto litúrgico tradicional ou festivo e rigor no cumprimento dos ritos sacramentais. Alguns, de tendência ritualista, tendem a demarcar território dentro dos espaços sagrados, através da pertença a este ou aquele grupo ou movimento que nem sempre segue as diretrizes da igreja local, o que muitas vezes os leva a entrar em choque com os gerenciadores do sagrado, por criarem tipos de guetos dentro da igreja, com divergências ideológicas que tendem a dirimir o poder do padre.

Os de tipo *passivo* têm muitos aspectos similares aos *habituais,* e sua distinção não é detectada à primeira vista. Em muitos casos, concentram mesmo as características dos frequentadores habituais, diferenciando-se apenas na ausência de reação frente ao que ocorre no espaço sagrado. Nem todos frequentam habitualmente a igreja, mas mesmo os que têm certa assiduidade não manifestam interesse ou qualquer reação que demonstre vínculo, limitando-se, apenas, a participar do que é essencial nos rituais religiosos. São aparentemente movidos pela tradição sem ser necessariamente tradicionalistas. Seu aspecto fundamental é a indiferença com o que se desenrola ao redor, não deixando transparecer seus sentimentos em relação ao que ocorre no templo ou com os demais atores sociais. Há, entre os católicos com este perfil, graus distintos de participação nas práticas religiosas, desde os que se restringem aos sacramentos até os que frequentam regularmente as missas semanais e dominicais, cumprindo assim as obrigações eclesiásticas (Camargo, 1971, p. 19), sem manifestar qualquer tipo de envolvimento no âmbito pastoral. São também atores típicos das grandes metrópoles, onde sobressai o anonimato.

Há também os de perfil *patológico,* que formam um grupo à parte nos espaços sagrados. Dentre estes estão os que possuem algum distúrbio ou deficiência mental, os de excessiva carência afetiva e os fanáticos. Alguns reúnem todas essas características e outras mais. As representações desta categoria são resultados das exclusões sofridas na família, na relação com os vizinhos, no mercado de trabalho, entre outros. Desse modo, a igreja passa a ser o espaço que possibilita o acolhimento, representando um lugar onde o indivíduo pode sentir-se bem, sentir-se aceito pelos demais, integrar laços de amizade e entendimento, enfim, um lugar de integração social, mesmo que, na prática, isso não venha a ocorrer. É uma procura do sujeito que, sentindo-se excluído, busca essas referências nos espaços sagrados, ajudando, assim, a compor o quadro tipológico dos frequentadores do templo na metrópole, tornando-se, muitas vezes, objeto de campanhas e ação social da própria Igreja, como ocorreu no ano de 2006, quando a CNBB (Conferência dos Bispos do Brasil) os elegeu como motivo da CF (Campanha da Fraternidade), objetivando incluí-los, de forma simbólica, em seus espaços. Com o tema "fraternidade e pessoas com deficiência" e o lema "levanta-te, vem para o meio", a Igreja do Brasil trouxe para o centro da reflexão as pessoas com esse perfil, sobretudo porque aqui o contingente de pessoas com algum tipo de deficiência chegou a 25 milhões, segundo o Censo demográfico do IBGE, no ano 2000 (CNBB, 2005, p. 36). De acordo com o Censo, São Paulo, comparada com outras metrópoles, apresenta uma incidência de 11,4% de pessoas com algum tipo de deficiência, das quais 2,5 a 3% são deficiências mentais (CNBB, 2005, p. 36). Desse levantamento estão fora os que apresentam distúrbios leves, sendo esses, portanto, os que mais procuram a igreja.

O grupo dos *transeuntes,* isto é, dos que passam durante o dia pelas igrejas de metrópoles como São Paulo, num fluxo e refluxo dos que vêm ao centro durante o dia para trabalho ou compras, consiste um grande contingente, mas de difícil precisão numérica. São aqueles que estão de passagem e que adentram os espaços sagrados do templo por motivos diversificados, seja para uma breve oração no intervalo do almoço ou para deixar um ex-voto ou uma oração ao Santo de devoção, ou mesmo para um momento de descanso do trabalho ou das conturbadas ruas, ou ainda por simples curiosidade de conhecer a arquitetura do templo. Portanto, em locais como estes, são diversificados os fatores que motivam as pessoas a passarem pela igreja sem configurar vínculo com a mesma. Há, ainda, nesse rol de tipos transeuntes, aqueles que vêm para assistir à missa porque estão, naquele momento, longe de sua comunidade de origem ou para serem atendidos em confissão ou pedir conselhos ao padre que, por ventura, possa atendê-los. Há também os *transeuntes* com características *patológicas*. Esses, às vezes, causam alguns transtornos, pois são, geralmente, moradores de rua, fugitivos de hospícios e penitenciárias ou simplesmente desocupados que vêm em busca de bens materiais, como dinheiro, alimentos ou roupas. Em muitas situações, quando não encontram o que procuram, causam certo transtorno para os gerenciadores do sagrado ou demais frequentadores que ali estiverem no momento, tornando-se, assim, um incômodo. Esses tipos são facilmente encontrados, durante o dia, na maioria das igrejas do centro, não se enquadrando, portanto, na categoria de fiel, embora manifestem algum tipo de relação com o sagrado. Os transeuntes são, geralmente, de difícil catalogação, uma vez que se trata de um público mutável, exceto em alguns casos. O que os caracteriza de fato é sua breve permanência no templo, variando de alguns minutos a uma hora: eles saem como chegaram, isto é, anônimos.

Essas tipologias vêm assinalar o fato de que os espaços sagrados do catolicismo urbano estão povoados de distintas categorias de frequentadores, de difícil homogeneização, tanto do perfil particular quanto de suas representações. Estes fatos não devem impedir nossos esforços para descobrir a importância destes tipos para a análise de sua exclusão e inclusão dentro dos espaços sagrados da religião católica dos grandes centros urbanos, mas sim motivar a busca de entendimento de certas particularidades que merecem maior aprofundamento da análise social do campo religioso como campo inclusivo.

Se o estudo das relações empiricamente averiguadas entre os diferentes tipos de frequentadores dos templos católicos da metrópole, com o espaço sagrado e suas diferentes características sociais e religiosas, permitiu, por um lado, apreender o conjunto dos fatores que determinam ou favorecem a frequência das igrejas, por outro, estabeleceu a estrutura das relações que os unem nestes espaços. Sobre esta conjuntura favorecedora da frequência destes tipos e a estrutura que os une, falaremos nos passos seguintes, quando tratarmos, além da comunidade como espaço de sociabilidade, da função social da comunidade religiosa. Começamos pela análise mais acurada da igreja-templo como lugar de formação de comunidade e de representações sociais.

7. A comunidade: espaço sagrado e lugar de representações sociais

Após catalogar e classificar em tipos distintos os frequentadores das igrejas urbanas de São Paulo e salientar o templo como um espaço de relações diversificadas, vamos agora tratá-lo como espaço de relações convergentes, ou seja, como *comunidade,* em que cada um dos referidos tipos de atores sociais que o frequentam constrói seu sistema de representação da religião, permitindo, assim, não apenas o gerenciamento de sua prática religiosa como também se proteger de situações que possam representar ameaça, visto que a comunidade promete cumprir essa função. À vista disso, retomaremos brevemente os dois conceitos contidos no subtítulo acima, no intuito de atestar sua fecundidade da noção e sua pertinência para discernir o poder simbólico da religião nestes espaços que agora analisamos sob o prisma da comunidade.

Já versamos sobre o templo como espaço sagrado à medida que deslindávamos as relações sociais que nele se reproduzem, da mesma forma que aduzimos as representações coletivas como parte atinente às referidas relações no templo. Agora, vamos estender a reflexão para além do espaço físico que protege o sagrado, para a comunidade, onde afluem as representações sociais concernentes ao conjunto da sociedade. Para isso, faz-se necessário esclarecer o que entendemos aqui por comunidade e em que ela difere da sociedade, sem, contudo, nos estendermos na descrição do clássico debate conceitual sobre *comunidade e sociedade*, dado que muitos teóricos das Ciências Sociais, como Ferdinand

Tönnies, Max Weber, Martin Buber, Zygmunt Bauman, entre outros, já o fizeram perfeitamente. Queremos, unicamente, retomar algumas dessas definições para poder fundamentar e complementar a temática ora tratada.

Desse modo, procuramos, agora, conscientes da grande variedade de significados, conceituar comunidade, contrapondo-a à sociedade. Assim sendo, de modo semelhante à oposição concebida entre o sagrado e profano, os conceitos de comunidade e sociedade são também construídos em oposição. Segundo Martin Buber (1987, p. 50), "a comunidade é a expressão e o desenvolvimento da vontade original, naturalmente homogênea, portadora de vínculo, representando a totalidade do homem", enquanto que "a sociedade é a expressão do desejo diferenciado em tirar vantagens, gerado por pensamento isolado da totalidade" (Buber, 1987: 50). Utilizando o conceito de F. Tönnies (1931) da clássica obra *Comunidade e Sociedade* (*Gemeinschaft und Gesellschaft*), Buber afirma ainda que "a sociedade é uma associação de homens unidos por um determinado propósito, que possuem interesses comuns e se congregam a fim de servirem a estes interesses comuns e atingirem estes fins". Desse modo, "trata-se, então, de uma convenção fundada sobre uma decisão", ou seja, é uma associação por interesses. Por outro lado, afirma que "a comunidade é a união de pessoas ligadas pela própria essência e pela vontade essencial, uma união que é o resultado de um processo natural e não de algo imposto" (Buber, 1987, p. 83).

Além do mais, para Buber (1987, p. 71), comunidade é "uma categoria messiânica e não histórica", e isso nos interessa porque tratamos da comunidade fundamentada na religião. Nesse sentido, os grupos, que se formam nos espaços sagrados e que pretendem ser tratados como comunidade, apontam para esta característica assinalada por Buber. Para a maioria dos fiéis, a igreja é um referencial de comunidade porque eles acreditam ser capazes de fazê-la a partir de um protótipo imaginário chamado *reino de Deus*. Buber lembra que "o reino de Deus é a perfeição da realidade de uma comunidade" (Buber, 1987, p. 71), e, desse modo, a referência primordial para se pensar comunidade nos espaços sagrados é o modelo que a Igreja apresenta como sendo desse reino teológico e transcendente, mas que, de acordo com a vivência e convivência dos fiéis, tem a possibilidade de se realizar no hoje da história, a começar pelo espaço sagrado onde se concentram tais representações religiosas e sociais dos fiéis. Assim sendo, a comunidade, como categoria messiânica, está na base da ideia de comunidade e, segundo Buber, "serve para legitimar todos os outros conceitos de comunidade" (Buber, 1987, p. 71). Nessa mesma linha segue Zygmunt Bauman (2003, p. 7), afirmando que comunidade deve ser entendida como um espaço bom, acolhedor, onde as coisas boas acontecem. É, portanto, o oposto da sociedade, a qual recebe a culpa pelas misérias humanas. A comunidade é então como que o espaço da utopia reparadora dos erros provocados pela sociedade, *locus* de afloramento das representações sociais e simbólicas; dentre elas, os sonhos de justiça e fraternidade, de segurança e apoio, como bem sintetizou Bauman quando, a seu modo, opôs a comunidade à sociedade.

> Se alguém se sente miserável, sofre muito e se vê persistentemente privado de uma vida digna, logo acusamos a sociedade – o modo como está organizada e como funciona. As companhias ou a sociedade podem ser más; mas não a comunidade. Comunidade, sentimos, é sempre uma coisa boa (Bauman, 2003, p. 7).

A coisa boa, o que provoca a busca pela comunidade, é justamente o caráter messiânico apontado por Buber e que Bauman, de outro modo, retoma. Ou seja, a comunidade, para Bauman, promete suprir as necessidades humanas, como acolhimento, compreensão e segurança, que são aspectos genuinamente messiânicos. Funciona como refúgio frente à insegurança do anonimato que a realidade profana ou secularizada da sociedade, principalmente das grandes metrópoles, oferece. A busca pela comunidade religiosa, num conturbado centro urbano como São Paulo e região metropolitana, passa pelo desejo de um espaço onde um possa confiar um no outro, "que produza uma sensação de aconchego" (Bauman, 2003, p. 9), que propicie à pessoa o reconhecimento, o acolhimento e, acima de tudo, a possibilidade de ser amada. São, portanto, desejos utópicos que permeiam as relações comunitárias nas igrejas, reforçando ainda mais a ideia de que a comunidade é um espaço possibilitador da visualização ou até mesmo a concretização da utopia do reino. Estes são, portanto, lugares que proporcionam acessar valores já consagrados no imaginário social, como, por exemplo, um local ideal para se viver, em que as pessoas sintam-se protegidas contra as sucessivas ondas de violência, seja ela real ou simbólica. Desse modo, a comunidade, referenciada no templo, representa essa possibilidade, na qual a religião exerce um poder incomensurável.

Não obstante essa dimensão utópica da comunidade, ela é, relevantemente, um espaço real, portanto, social. E, por se tratar de um espaço social entremeado pelo ideal religioso, é também um lugar paradoxal. Isso porque acontecem nele relações contraditórias, como vimos, anteriormente, quando tratamos do espaço sagrado como *locus* de relação de luta pacífica ou aptidão. Desse modo, a comunidade não é o espaço da perfeição e da harmonia nas relações como muitos imaginam, mas sim um espaço marcado por sentimentos ambíguos, próprios dos espaços orientados pela religião, que, por atrair tipos comumente controversos, se torna algo paradoxal. Em harmonia com o pensamento de Radcliffe-Brown (1939), podemos concluir que "se a religião traz ao homem a confiança em si próprio, o bem-estar moral e um sentimento de segurança, também se poderia dizer que ela faz nascer, nos homens, medos e angústias de que sem ela estariam isentos" (Radcliffe-Brown, 1939, p. 148). À vista disso, encontramos em Lévi-Strauss (2003) a resposta para esse impasse, quando diz que é natural que, na vida em sociedade, indivíduos que enfrentam ansiedades busquem, mesmo que movidos por utopias, criar um espaço onde se possa exercer "uma espécie de seleção social que, como a seleção natural faz para as mutações, preservasse e generalizasse as que são úteis para a preservação do grupo e a manutenção da ordem, eliminando as outras" (Lévi-Strauss, 2003, p. 91). Temos, assim, uma possível explicação para as motivações dos diferentes tipos de fiéis buscarem, num mesmo espaço, a igreja, como o lugar para se viver em comunidade. Isso porque, na igreja, os símbolos, objetos e sujeitos representam alguma coisa, ao mesmo tempo em que as características destes se manifestam de certa forma, suprimindo as necessidades que cada um traz para este espaço. Assim sendo, a comunidade, pautada nas normas do poder simbólico da religião, teria também essa função, ou seja, agregar aquilo que a sociedade desagregou. Desse modo, a religião e seu poder inerente estruturam na suposta comunidade um sistema abrangente com oportunidades de participar da elaboração de representações sociais de diversificadas situações do dia-a-dia dos fiéis que se concretizam na comunidade, onde estes representam situações passíveis de serem identificadas. Desta forma, podemos apontar algumas dimensões destas representações, como, por exemplo, as de ordem moral, familiar, os comportamentos, ou ainda as relações intersubjetivas, os acontecimentos da vida conjugal, entre outros.

Em suma, quando falamos da comunidade de cunho religioso como espaço privilegiado para as representações sociais, enfatizamos, portanto, que estes estão envoltos em utopias, principalmente a de um espaço redentor, onde os males da sociedade são passíveis de superação através da reorganização de comportamentos. Essa noção de comunidade é bastante acentuada no discurso teológico e eclesiológico, que propõe um modelo alternativo de relações sociais baseado na solidariedade, como veremos no próximo passo, em que as dificuldades podem ser superadas a partir de princípios religiosos. A comunidade é, portanto, o espaço onde se almeja desenvolver os ideais de igualdade e fraternidade, com valores que se contrapõem aos valores da sociedade. Um lugar em que as divisões e as assimetrias vislumbram a possibilidade de superação, contrariando o que já acenamos anteriormente e o que veremos mais adiante. Assim sendo, estes espaços buscam convergir à realização do ideal e à idealização do real, em que os estranhos se tornam conhecidos e o outro é tratado como irmão, mesmo que, de acordo com Bourdieu (1997, p. 188), "tratar os outros como irmão é colocar entre parênteses a dimensão econômica da relação". Porém, não vamos entrar por ora na reflexão dessa situação apontada por Bourdieu, mesmo que a relação na comunidade esteja envolta numa relação econômica de bens simbólicos de salvação.

Quando, anteriormente, analisamos e comparamos as paróquias (e capelas) das duas regiões pesquisadas, constatamos que são, nesse sentido de comunidade visto acima, espaços onde ocorre a eufemização das relações sociais, "transfigurando-as em relação de parentesco espiritual ou de troca religiosa" (Bourdieu, 1997, p. 188), como veremos mais adiante, quando tratarmos do sacramento do Batismo, das relações de compadrio e outros tipos de relações que a comunidade religiosa fomenta. São também essas espécies de relações que ajudam a fazer dos templos uma referência de comunidade, confundindo-se, muitas vezes, no senso comum, a construção, o prédio ou, simplesmente, o espaço interno com as relações sociais do tipo comunitário entre as pessoas que ali frequentam.

Ainda no entendimento do conceito de comunidade, não podemos dispensar a contribuição dada por Max Weber. Ele chamou de comunidade "a uma relação social na medida em que a orientação da ação social, seja no caso individual, na média ou no tipo ideal, baseia-se em um sentido de solidariedade: resultado de ligações emocionais ou tradicionais dos participantes" (Weber, 2002, p. 77), diferentemente da relação social de sociedade que é, segundo ele, "resultado de uma reconciliação e de um equilíbrio de interesses motivados por juízos racionais, quer de valores, quer de fins" (Weber, 2002, p. 77). Para Weber, "a comunidade pode basear-se em qualquer espécie de ligação emocional" (Weber, 2002, p. 78), inclusive a espiritual, como é o caso que predomina nas comunidades religiosas. Isso confirma a tese da comunidade religiosa como espaço de representação social, onde o indivíduo traz, para a mesma, fatos de sua vida cotidiana, sejam eles emocionais, afetivos ou tradicionais, fazendo com que ela, a comunidade, represente uma situação no mínimo contraditória, que, por ser ideal, é contrastante com o real, tornando-se, desse modo, algo *difícil de encontrar na vida real*, segundo Eric Hobsbawm (1994, p. 428). Desse modo, a comunidade é incongruente porque num mundo em que tudo se torna descartável e passageiro ela propõe valores estáveis e seguros. É nesse sentido que Hobsbawm comenta que, "num mundo em que tudo se move e se desloca, em que nada dá certo, homens e mulheres procuram por grupos a que possam pertencer, com certeza e para sempre" (Hobsbawm, 1996, p. 40). Enfim, quando a vida na sociedade entra em colapso, o ideal de comunidade é reinventado.

Tudo isso mostra que, quando analisamos mais atentamente os termos *comunidade* e *sociedade*, percebemos que ambos indicam configurações sociais divergentes, tais como o arcaico e o moderno, o afetivo e o racional, o sagrado e o profano, além de condições beligerantes, como o bem e o mal, a segurança e a vulnerabilidade, a ordem e o caos e uma infinidade de situações que se contrapõem quando se comparam esses dois conceitos como categoria sociológica. Estes juízos sociais que contrastam quando colocados no âmbito comparativo, possibilitam reforçar a comunidade como um lugar de representações sociais, em que as utopias poderão tornar-se realidade fazendo com que as representações simbólicas, que povoam o imaginário religioso, ganhem força para transformar situações antes inimagináveis de qualquer mudança.

É desse modo que a comunidade, quando contrastada à sociedade, representa a imagem de algo bom. No âmbito religioso, a comunidade representa uma alternativa viável que permite suprir os modelos sociais fundamentados na desigualdade da sociedade. Ela apresenta valores e atributos que entranham o imaginário de simbolismos e ideais, como a partilha, a igualdade, a compreensão e o perdão, os quais se opõem ao consumismo, à competição predatória, à negligência ética e à impunidade tão comum na sociedade em geral. Dessa forma, a comunidade eclesial emerge como uma sociedade alternativa que, fundamentada em princípios sagrados, propõe inverter os valores da sociedade profana, motivando acolher e reintegrar a pessoa e recuperar valores que favoreçam um autêntico convívio social, o que a torna recinto de onde emergem representações simbólicas do tipo ideal de convivência em grupo.

Portanto, se a comunidade é fonte de representações simbólicas, ela é também lugar de representações sociais. Isso deriva, em parte, das relações sociais que são desenvolvidas nestes espaços. São relações, segundo Bourdieu (1997, p. 167), baseadas nas trocas que provocam "uma espécie de alquimia simbólica" das relações de desigualdade, dominação e exploração que, comumente, encontram-se na sociedade. Elas são, por conseguinte, transfiguradas na comunidade. Nos espaços sociais denominados de comunidade, "a troca de dádivas pode se dar entre iguais, contribuindo para reforçar a 'comunhão', a solidariedade, através da comunicação que cria laços sociais" (Bourdieu, 1997, p.167). Esta categoria de relação contribui não só para acentuar as diferenças entre comunidade e sociedade, mas também para fazer da igreja um espaço alternativo de convivência, com valores que permeiam o imaginário social.

Desse modo, nós nos deparamos com o grande desafio de descobrir relações do tipo comunitário em igrejas como as do setor Pinheiros, onde há uma variedade muito grande de tipos de práticas religiosas, como pudemos exemplificar acima nas tipologias dos atores sociais do templo. No setor Santo Antônio, as relações comunitárias são mais evidentes, tendo em vista que as paróquias e suas respectivas capelas são, geralmente, pequenas, e a maioria dos frequentadores se conhece pelo nome e cultiva ligações diversificadas que os aproximam e os unem como grupo específico de católicos, formando, assim, aquilo que mais se aproxima do que vimos como comunidade. Todavia, nos dois setores, tanto no centro quanto na periferia, a comunidade se caracteriza como lugar de representações sociais porque em ambos o fiel tem com o seu próximo, ou mesmo com seu objeto de devoção, ou ainda com o próprio espaço sagrado, uma relação de simbolização e de interpretação que lhe confere significações. Nos dizeres de Denise Jodelet, "estas significações resultam de uma atividade que faz da representação uma construção e uma expressão do sujeito" (Jodelet, 2001, p. 27), sendo este, portanto, considerado de um outro ponto de vista, diferentemente de quando ele é visto a partir do prisma da sociedade. Aqui ele é visto a partir da pertença e da participação. Enfim, para encerrar nossa reflexão sobre o tema proposto, enfatizaremos, de modo mais objetivo, o conceito de representação social que permeia a dissertação do tema sobre o poder simbólico da religião.

O conceito de representação social foi proposto por Serge Moscovici na década de 60 e refere-se a "um conjunto de conceitos, proposições e explicações criados na vida cotidiana no decurso da comunicação interindividual" (Moscovici, 1981, p. 181). O objetivo da teoria das representações sociais é explicar os fenômenos do homem a partir de uma perspectiva coletiva, sem perder de vista a individualidade, por isso a comunidade é um espaço profícuo para tais representações. Moscovici introduz, na noção de representação social, a ênfase no sujeito ativo e construtor, sentido este que o aproxima de Weber. Desse modo, o autor confere à comunidade um sentido diferenciado da perspectiva de Durkheim e, de certa forma, amplia a capacidade explicativa do conceito. Segundo Moscovici, os comportamentos e todas as percepções, tanto na comunidade quanto na sociedade, são compreendidos como resultantes de processos íntimos, às vezes de natureza fisiológica.

Nas comunidades, pelo fato de ocorrerem relações mais próximas entre membros, tudo é explicado em função de interações, de estruturas e até de alteração de poder, como já tivemos oportunidade de acenar e veremos, mais adiante, com maior profundidade, gerando, assim, como também já apontamos, diferenciados níveis de conflitos. Moscovici lembra ainda que "o conflito entre o individual e o coletivo não é somente do domínio da experiência de cada um, mas é igualmente realidade fundamental da vida social" (Moscovici, 1984, p. 16). Desta forma, as representações sociais na comunidade religiosa remetem inevitavelmente, para as pertenças sociais do fiel, da mesma forma que para suas modalidades de comunicação e, sobretudo, para sua funcionalidade e eficácia, sendo, portanto, entendidas como construções de um objeto e expressões de um sujeito. Assim sendo, as representações que emergem num dado contexto social, como no caso das comunidades religiosas, são elaboradas a partir de quadros de apreensão que fornecem os valores, as ideologias e os sistemas de categorização social partilhados entre os diferentes tipos que circulam no espaço sagrado.

Do ponto de vista de Durkheim (1989, p. 513), por exemplo, as representações sociais ou "representações coletivas" expressam a primazia da sociedade e, neste caso, da comunidade em relação ao indivíduo. Para ele, é a sociedade ou comunidade que exerce uma ação coercitiva sobre as consciências individuais. Um outro ponto a ser discutido quando se trata de representações sociais no espaço da comunidade religiosa é a ideia de representação como orientadora de condutas. O fato é que a previsão de condutas não é o objetivo dos estudos das representações, mas sim a observação daquilo que está acontecendo e, com isso, a demonstração do mecanismo a partir do qual se elaboram significações vinculadas às mesmas, sejam elas individuais ou coletivas. Parece-nos inconteste que a representação social permite compreender como o sujeito, em sua relação com o espaço, constrói e atribui significados às suas ações, experiências e projetos pessoais. Mas isso não significa que as representações expliquem as condutas propriamente ditas ou excluam por si a utilização de outros elementos que possam ajudar a elucidar os fenômenos sociais. Deriva daí a necessidade de se entender como o poder simbólico da religião repercute nas relações sociais, modificando-as e influenciando a reconstrução das identidades pessoais e das unidades simbólicas.

Nesse sentido, convém abordar estes lugares de representações sociais, isto é, as comunidades religiosas, não como categorias sociais sem coesão, rodeadas de significados múltiplos e imprecisos, mas sim como um grupo territorial de fiéis com relações recíprocas, que se serve de meios e de um espaço comum, a igreja, para lograr fins comuns. Dessa maneira, analisaremos, a seguir, a comunidade como espaço de coesão social, que possibilita a solidariedade e a sociabilidade, critérios fundamentais para que um grupo se caracterize, de fato, como comunidade, principalmente se estes estiverem pautados por valores religiosos, como estão os que privilegiamos nesta pesquisa.

Passemos agora à reflexão sobre as características das comunidades que se formam nos espaços sagrados dos templos do setor Pinheiros e Santo Antônio, vistas sobre o prisma de espaços de coesão social que geram certos tipos de solidariedade e sociabilidade. Após compreendermos a comunidade não apenas como um conceito analítico, mas também como lugar onde assomam as representações sociais, vamos, agora, tratá-la como espaço de coesão social, na qual se constatam tipos distintos de solidariedade e sociabilidade. Antes, porém, faremos uma sinopse destes conceitos-chave, iniciando pelo amplo conceito de *coesão social* e de sua contribuição para o entendimento das ações sociais da vida em comunidade que dá forma nos espaços sagrados do templo.

Ao fazer a pesquisa de campo, descobrimos que o grau de participação de cada um dos diferentes tipos de fiéis na comunidade corresponde a sua identificação com ela, em razão do que se sente impelido a apoiá-la, especialmente no que diz respeito a normas, valores, crenças e, acima de tudo, à estrutura da mesma. O grau da coesão destes sujeitos religiosos depende, por outro lado, da maneira como cada uma das comunidades está organizada. Por exemplo, encontramos graus distintos de coesão entre os membros das comunidades católicas do setor Pinheiros e do setor Santo Antônio. No setor Pinheiros, sobressai mais uma espécie de relação de utilitarismo dos fiéis com o espaço sagrado e seus bens simbólicos, considerando que a participação nestas comunidades é mais por interesse sacramental que por compromisso comunitário. A coesão detectada, neste setor, pode ser considerada como resultado de decisões correntes de certos tipos de católicos de participar da comunidade porque é de seu interesse assim proceder, visando, com isso, apenas a recepção dos bens simbólicos sacramentais ou a utilização do templo como espaço de visibilidade social. Diferentemente dos católicos encontrados no setor Santo Antônio, cuja participação se configura em solidariedade e sociabilidade entre seus membros e os que residem nas imediações das capelas.

Desse modo, recordamos as duas fontes básicas da coesão identificadas por Durkheim (2004a): a *solidariedade mecânica* (2004a, p. 39) e a *solidariedade orgânica* (2004a, p. 85). Embora não entremos em pormenores sobre esses dois conceitos, vale lembrar que alguns aspectos dos mesmos serão retomados porque são elementos que fazem parte do funcionamento da comunidade religiosa. A solidariedade mecânica é um tipo de coesão que se fundamenta no estilo de vida da comunidade, cuja localização e tradição influenciam relevantemente nas relações que ali se desenvolvem. Este tipo de solidariedade é mais comum nas igrejas do tipo encontrado no setor Pinheiros. Embora a solidariedade mecânica opere em certo grau em todas as comunidades, associa-se mais estreitamente a comunidades urbanas, de tipo *catolicismo tradicional*, como as do setor supracitado, onde é pouca a identificação e o conhecimento entre os fiéis que circulam nesses espaços, devido à variedade dos frequentadores, como vimos anteriormente no perfil dos atores sociais desses espaços.

Em contraste com este primeiro tipo de solidariedade encontrada no setor Pinheiros, temos a que encontramos no setor Santo Antônio, que se enquadra naquilo que Durkheim chamou de *solidariedade or-*

gânica. Nestas comunidades, devido à forma como as coisas estão organizadas, a coesão ali detectada se baseia em uma divisão das funções ou dos trabalhos pastorais, na qual os fiéis dependem uns dos outros porque a distribuição das atividades proporciona uma rede complexa de relações e dependência, dificultando ser, como no primeiro setor, católico independente da comunidade. Desse modo, o padre necessita dos fiéis que atuam nas mais distintas pastorais e auxiliam na manutenção do espaço e no gerenciamento dos bens simbólicos, como também os fiéis dependem do padre como agente gerenciador dos sacramentos e motivador dessa teia de relações ali instalada.

Em certo sentido, a solidariedade orgânica detectada nas comunidades da periferia resulta da complementariedade, isto é, daquilo com que cada um, a seu modo, contribui, numa soma de ações distintas que formam o conjunto da comunidade. Ambas as comunidades, tanto as do setor Pinheiros quanto as do setor Santo Antônio, são mantidas coesas por um consenso geral sobre valores. Esse acordo coletivo é cultivado pela Igreja através dos sacramentos, sendo o mesmo em toda parte. Assim sendo, na medida em que a Igreja controla as comunidades, define e promove valores universais, como os sacramentos, que, na verdade, refletem seus próprios interesses, e não apenas os dos fiéis que frequentam este ou aquele tipo de comunidade. Nesse sentido, o consenso não precisa, necessariamente, significar que aquilo com que se concorda na comunidade seja, de fato, do interesse de todos, ou mesmo da maioria dos fiéis. Essa ideia está mais vinculada à perspectiva dos conflitos, já identificados anteriormente, aproximando-se, assim, das argumentações de Karl Marx (1974) e Max Weber (1999), que afirmam que a coesão e a ordem são, até certo ponto, criadas e mantidas por coerção e dominação das Instituições, sobretudo, neste caso, por meio da Instituição Igreja.

Para se chegar às inferências acima, foi preciso fazer uma sondagem sobre a participação dos diversificados tipos de fiéis, com funções igualmente distintas, nos diferentes setores de pesquisa. Segundo a investigação feita, obtivemos os resultados expostos nos quadros seguintes, oferecendo, assim, um panorama da coesão social da comunidade católica nestas áreas. Tabulamos as respostas, separadamente, a partir das que foram dadas por homens e mulheres, de acordo com o lugar e a função que cada um ocupa na comunidade. Usamos, para ambas as áreas, a mesma pergunta e os mesmos critérios de identificação dos sujeitos, conforme podemos visualizar a seguir.

Tabela 21: Setor Pinheiros (Região Sé da Arquidiocese de S. Paulo)

Qual o significado de atuar na comunidade para sua vida?

	Sexo		**Função na Comunidade**		
	Homem	Mulher		Homem	Mulher
Completa o sentido da vida	17%	38%	Ministro da Eucaristia	40%	52%
Sente-se útil	22%	57%	Ministro da Palavra	15%	4%
Faz por solidariedade	25%	4%	Liturgia / canto / leitores	28%	30%
Outras repostas	36%	1%	Zeladores e outras funções	17%	14%
Número de entrevistados	150	180		150	180
Total	**100%**	**100%**		**100%**	**100%**

Fonte: Pesquisa de campo aplicada no setor Pinheiros (Comunidades da Igreja do Calvário, Bom Jesus dos Passos e Santa Maria Madalena). Março a outubro de 2003.

Tabela 22: Setor Santo Antônio (Diocese de Osasco)

Qual o significado de atuar na comunidade para sua vida?					
	Sexo		**Função na Comunidade**		
	Homem	Mulher		Homem	Mulher
Completa o sentido da vida	19%	40%	Ministro da Eucaristia	20%	30%
Sente-se útil	18%	7%	Ministro da Palavra	15%	28%
Faz por solidariedade	32%	50%	Liturgia / canto / leitores	12%	35%
Outras repostas	31%	3%	Zeladores e outras funções	53%	7%
Número de entrevistados	82	115		82	115
Total	**100%**	**100%**		**100%**	**100%**

Fonte: Pesquisa de campo aplicada no setor Santo Antônio (Comunidades de São Pedro, N. Sª. dos Pobres e Bom Jesus Crucificado). Agosto a dezembro de 2003.

Para obtermos esses quadros, foram distribuídos, exatamente, 750 formulários, sendo que 500 foram para o setor Pinheiros e 250 para o setor Santo Antônio. Em ambos os setores a distribuição foi para pessoas que, de alguma forma, têm participação ativa na comunidade, dentre elas os que desenvolvem funções ministeriais, como, por exemplo, ministros da Eucaristia e da Palavra, membros de equipes de liturgias, leitores etc. Dos formulários distribuídos no setor Pinheiros, obtivemos um retorno de 51,6% (330 formulários), sendo que, destes, 150 foram respostas dadas por homens e 180 por mulheres, como podemos conferir no primeiro quadro. Dos que foram distribuídos entre os católicos do setor Santo Antônio, obtivemos um retorno de 197 exemplares, sendo que, das respostas obtidas, 82 eram dos homens e 115 das mulheres. Portanto, na contagem geral, os dois quadros confirmam a hipótese de que a comunidade tem, de fato, significado distinto na vida de homens e mulheres, variando também de acordo com a localização geográfica. Enquanto no setor Pinheiros os dois primeiros itens (sentido da vida e sentir-se útil) somam 39%

entre os homens e 95% entre as mulheres, no setor Santo Antônio a soma das respostas dos homens, nestes dois primeiros itens, corresponde a 37%, e a das mulheres, 47%, revelando, assim, uma diferença bem mais acentuada entre as mulheres dessas duas áreas. No entanto, entre os homens há certo equilíbrio nas respostas, confirmando, desse modo, em ambos os setores, que a comunidade contribui para fortalecer o sentimento de pertença e coesão. Uma das diferenças nestes dois setores é que na periferia há um sentimento mais coeso de solidariedade e compromisso entre homens e mulheres, o que quase não ocorre nas áreas mais desenvolvidas, como a do setor Pinheiros.

Entre os homens do setor Pinheiros sobressai a dimensão da solidariedade mecânica (25%), enquanto que no setor Santo Antônio essa dimensão ficou por conta das mulheres, com a diferença de que a solidariedade que ocorre entre elas, na periferia, é mais orgânica que mecânica. Neste setor, a margem de diferença é de 18% quando comparada com as respostas dos homens desta mesma região. Esse resultado confirma um certo equilíbrio e uma maior coesão social entre os membros. Mesmo assim, as mulheres parecem dar maior significado às representações simbólicas da comunidade, como a solidariedade e a sociabilidade, embora em ambos os setores a pesquisa mostrasse que a comunidade é um espaço que possibilita relações sociais que dão sentido à vida. Em cada um, à sua maneira, através de ações de trocas mútuas de benefícios simbólicos se pode dar e receber solidariedade e fortalecer valores religiosos e sociais que a sociedade nem sempre privilegia. A comunidade é, portanto, espaço sagrado e ponto de referência na geometria da vida destas pessoas, ocupando, na mesma, um tempo e um espaço relativamente significativo, como podemos conferir no item sobre a frequência, no quadro seguinte, onde os indicadores de sociabilidade sobressaem em ambos os setores, já que em ambos a presença na comunidade é bastante significativa.

Tabela 23

Dados de frequência nas comunidades do setor Pinheiros – Arquidiocese de São Paulo.

	Sexo	
	Masculino	**Feminino**
Todos os dias	2%	4%
De 3 a 4 vezes por semana	4%	5%
1 ou 2 vezes por semana	5%	6%
Só nos finais de semana	58%	78%
1 ou 2 vezes ao mês	7%	5%
Pelo menos uma vez por mês	3%	2%
Só em ocasiões especiais	2%	0%
Outras respostas	8%	0%
Não responderam	11%	0%
Número de entrevistados	**150**	**180**
Total	100%	100%

Fonte: Pesquisa de campo aplicada no setor de Pinheiros, Região Sé da Arquidiocese de São Paulo. Meses de março a outubro de 2003.

Tabela 24

Dados de frequência nas comunidades – setor Santo Antônio – Diocese de Osasco.

	Sexo	
	Masculino	**Feminino**
Todos os dias	5%	10%
De 3 a 4 vezes por semana	10%	15%
1 ou 2 vezes por semana	30%	40%
Só nos finais de semana	20%	18%
1 ou 2 vezes ao mês	8%	8%
Pelo menos uma vez por mês	6%	3%
Só em ocasiões especiais	4%	1%
Outras respostas	5%	3%
Não responderam	12%	2%
Número de entrevistados	**82**	**115**
Total	100%	100%

Fonte: Pesquisa de campo aplicada no setor Santo Antônio – Diocese de Osasco (Comunidade de São Pedro, N. Sª dos Pobres e Bom Jesus Crucificado). Meses de agosto a dezembro de 2003.

Através dos quadros acima, podemos calcular vários indicadores de coesão social, seja de solidariedade mecânica ou orgânica e também de sociabilidade. Tais quadros acima foram elaborados a partir das respostas dadas em entrevistas concedidas livremente, através do preenchimento de formulários que continham diversas questões. No setor Pinheiros, 78% das mulheres confirmaram sua frequência assídua na comunidade nos finais de semana, quando exercem suas atividades comunitárias, contra 58% dos homens. No setor Santo Antônio, essa frequência é mais equilibrada entre homens e mulheres, confirmando a tese da comunidade religiosa como espaço de coesão social, em que a sociabilidade e a solidariedade são mais visíveis. No setor Pinheiros, os que responderam que frequentam uma ou duas vezes por semana somam 6% das mulheres e 5% dos homens, e os que vêm de três a quatro vezes por semana chegam a 5% das mulheres e 4% dos homens entrevistados. Já no setor Santo Antônio, esse índice de contato diário com a comunidade sobe para 5% entre os homens e 10% entre as mulheres. Os que vão ao templo entre três a quatro vezes por semana nas comunidades do setor Santo Antônio atingem 10% dos homens e 15% das mulheres, um índice bem mais elevado que no primeiro setor. Neste segundo, a maior percentagem fica entre os que vão uma ou duas vezes na semana, chegando a 30% dos homens e 40% das mulheres. Esse dado também confirma tais comunidades como espaço de sociabilidade, no sentido de maior coesão que o primeiro setor. O que mais mobiliza a comunidade do segundo setor são as pastorais da saúde e da criança. Essas ações sociais promovidas pela comunidade buscam atender famílias carentes, possibilitando uma maior integração entre os moradores do bairro e a comunidade religiosa, o que do outro lado, no setor Pinheiros, devido a fatores como o urbano e o estrutural dos templos, não acontece.

No primeiro setor, os que vêm todos os dias para a comunidade perfazem apenas 4% entre as mulheres e 2% entre os homens. Em suma, entre os que vêm todos os dias e os que vêm somente nos finais de semana, neste setor, soma-se um total de 69% dos homens e 93% das mulheres, índice que pode caracterizar coesão social também nas comunidades, embora seja mais mecânica que orgânica, como vimos acima. No setor Santo Antônio, esses índices, quando somados, atingem 65% dos homens e 83% das mulheres. A diferença fundamental se encontra na distribuição semanal da presença nestes espaços, fazendo com que as pessoas da periferia frequentem mais regularmente a comunidade que as pessoas do centro. Mesmo entre as chamadas lideranças comunitárias, que são as pessoas com compromissos na comunidade, a maior participação fica por conta das mulheres, indicando mais uma vez a comunidade religiosa de ambos os setores como uma alternativa de sociabilidade. Para a confirmação destes dados que contribuíram para retratar a comunidade com estas características, levamos em consideração o cruzamento de outras informações sobre os fiéis que ajudaram a confirmar o que propomos desde o início: a comunidade como uma teia de relações que aumenta os níveis de sociabilidade, amplia os contatos e enriquece a experiência socializadora dos fiéis. A seguir, trataremos da função social destas comunidades, procurando visualizá-las como meio de supressão da exclusão.

8. Função social da comunidade religiosa: supressão da exclusão

Depois de apontar e avaliar a participação dos fiéis no interior das comunidades dos dois setores pesquisados, vamos agora tratar essas comunidades a partir das funções sociais que elas desempenham, privilegiando a supressão da exclusão e do isolamento social como função primordial da comunidade religiosa na metrópole e região. Se por um lado a comunidade, como já foi constatado, é lugar de conflitos, por outro e, sobretudo, é lugar que oferece padrões relevantes de cooperação interna, sendo, portanto, capaz, de modo eficaz, de prevenir ou acomodar tais conflitos, principalmente se esses forem de origem externa ao espaço sagrado. Desse modo, podemos vê-la também como meio de dirimir algumas formas de exclusão, integrando os sujeitos num conjunto de atividades que absorvem os problemas através da ocupação no espaço sagrado. Antes, porém, vamos retomar o sentido dado ao conceito de função social, tratado aqui no âmbito da comunidade.

Entendemos aqui, como função social, a contribuição que a comunidade presta para a perpetuação de ações que tragam alguma contribuição à satisfação de necessidades concretas do fiel, enquanto indivíduo ou comunidade. Podem-se detectar, na comunidade religiosa, duas das principais categorias de função social: *imediata* e *mediata*. A função é imediata quando, por meio dela, se busca satisfazer necessidades da sociedade ou da própria Igreja, ou mesmo da comunidade, como, por exemplo, as ações que visam despertar a consciência para uma determinada realidade social ou que buscam promover a inclusão social de indivíduos ou categorias, seja através de campanhas ou de mobilização da comunidade em prol do bem comum, como ocorre todo ano com a CF (Campanha da Fraternidade). Já a função *mediata* é quando a ação contribui para a solução de necessidades particulares, como, por exemplo, de uma informante que se sentia excluída da comunidade por não ter recebido o sacramento do matrimônio. Seu desejo particular era poder casar na igreja e voltar a ter uma participação integral na comunidade, inclusive poder receber a comunhão, da qual estava suspensa por viver uma união ilegítima perante a Igreja. Há ainda uma outra que, simplesmente pelo fato de poder participar da comunidade e encontrar nela pessoas com quem pudesse conversar, já se sentia satisfeita em suas necessidades particulares causadas pela solidão da grande metrópole.

A função de uma instituição social, como é o caso da Igreja e, consecutivamente, da comunidade que se forma a partir de seus espaços, de acordo com Radcliffe-Brown (1973, p. 220), "é a correspondência entre ela e as necessidades da organização social" (Radcliffe-Brown, 1973, p. 220), no sentido de responder às necessidades sociais daqueles que formam a mesma, na qual podemos reconhecer a existência de uma estrutura social onde os fiéis formam um todo integrado, cuja continuidade estrutural é mantida pelas afiliações ou afastamentos, ou pelas inclusões ou exclusões, mantendo, desse modo, o processo da vida social que consiste de atividades e interações dos fiéis, como indivíduo ou comunidade.

Assim sendo, "a vida social da comunidade é definida aqui como funcionamento da estrutura social" (Radcliff-Brown, 1973, p. 223), portanto, a função social da mesma está vinculada a qualquer uma das atividades, periódicas ou não, que ocorrem em seus espaços, como, por exemplo, as cerimônias sacramentais, as atividades pastorais, os movimentos e outros acontecimentos que formam um todo, contribuindo, assim, para a manutenção e continuidade estrutural, cumpridora de suas funções dentro e fora de seu domínio. Por conseguinte, a comunidade é uma estrutura constituída de uma série de relações, sendo mantida a continuidade dessa estrutura pelo conjunto dos sacramentos que, por sua vez, se constituem como bens simbólicos integrantes dos fiéis na comunidade e, ao mesmo tempo, controlam seus comportamentos religiosos, morais e sociais. Dessa maneira, existe uma estreita ligação entre os ensinamentos religiosos, como doutrinas e normas, por um lado, e, por outro, os ritos sacramentais, com seus efeitos inclusivos e mesmo sua organização eclesiológica e social que influi na vida diária de cada fiel. Desse modo, procuramos descrever brevemente como vivem os fiéis destes dois setores, buscando traçar o perfil geral deste público para melhor entender qual a função social predominante da comunidade religiosa.

A realidade social dos grandes centros urbanos, como os que aqui analisamos, contribui para o isolamento social das pessoas, principalmente as de mais idade, confinando-as nos espaços privados dos apartamentos do setor Pinheiros ou nos minúsculos casebres das periferias do setor Santo Antônio. Como vimos anteriormente, muitas pessoas no setor Pinheiros, principalmente as que estão acima dos 65 anos, vivem sozinhas e buscam, na comunidade, um espaço de sociabilidade. A comunidade religiosa passa, assim, a ser uma alternativa terapêutica contra o isolamento e a exclusão social. Nestes espaços, as pessoas resgatam a autoestima por meio de trabalhos voluntários ou ainda através de relações simbióticas com a gama de santos e objetos simbólicos que respondem de acordo com a necessidade de cada um, diminuindo, assim, o sentimento de solidão provocado pelo anonimato característico desta realidade urbana. Depois de uma extensa imersão no campo de pesquisa, elaboramos os seguintes quadros com os resultados obtidos, visando, com isso, compor o perfil social destes fiéis mais assíduos nas comunidades dos dois setores analisados.

Tabela 25

Perfil das lideranças comunitárias do Setor Pinheiros

	Sexo			Sexo			Sexo	
Faixa etária	**H**	**M**	**Como vive**	**H**	**M**	**Camada Social**	**H**	**M**
Até 15 anos	0%	0%	Vive só	5%	13%	Alta	4%	2%
De 16 a 20 anos	0%	0%	O casal	35%	30%	Média Alta	10%	11%
De 21 a 30 anos	1%	0%	O casal e um filho	13%	10%	Média	**60%**	**62%**
De 31 a 40 anos	5%	1%	O casal e dois filhos	12%	15%	Média Baixa	23%	22%
De 41 a 50 anos	17%	13%	Vive com parente	8%	10%	Baixa	2%	1%
De 51 a 60 anos	**42%**	31%	Mora com o genro e/ou nora	12%	20%	Outras	1%	2%
De 61 a 70 anos	31%	**49%**	Família com até 5 pessoas	10%	1%			
Mais de 70 anos	4%	6%	Família acima de 5 pessoas	5%	1%			
Total	**100%**	**100%**		**100%**	**100%**		**100%**	**100%**

Fonte: Pesquisa de campo aplicada a membros das Paróquias do setor Pinheiros, Região Sé da Arquidiocese de São Paulo, entre os meses de março a outubro de 2003.

Tabela 26

Perfil das lideranças comunitárias do Setor Santo Antônio.								
	Sexo			Sexo			Sexo	
Faixa etária	H	M	**Como vive**	H	M	**Camada Social**	H	M
Até 15 anos	0%	0%	Vive só	0%	0%	Alta	0%	0%
De 16 a 20 anos	7%	10%	O casal	5%	5%	Média Alta	0%	0%
De 21 a 30 anos	10%	15%	O casal e um filho	3%	3%	Média	5%	5%
De 31 a 40 anos	25%	23%	O casal e dois filhos	3%	3%	Média Baixa	12%	13%
De 41 a 50 anos	22%	20%	Vive com parente	6%	4%	Baixa	80%	81%
De 51 a 60 anos	18%	21%	Mora com o genro e/ou nora	8%	7%	Outras	3%	1%
De 61 a 70 anos	16%	10%	Família com até 5 pessoas	28%	30%			
Mais de 70 anos	2%	1%	Família acima de 5 pessoas	47%	48%			
Total	**100%**	**100%**		**100%**	**100%**		**100%**	**100%**

Fonte: Pesquisa com membros de paróquias do Setor Santo Antônio, Osasco, entre os meses de agosto e dezembro de 2003.

Pelo que podemos constatar no setor Pinheiros, a maioria (60% entre os homens e 62% entre as mulheres) pertence à camada média da população. Dentre as mulheres, 86% estão acima dos 51 anos, enquanto que os homens nesta faixa etária atingem um percentual de 77%. Outro dado importante que esta pesquisa revelou é sobre a família dessas pessoas: uma parcela significativa (13%) de mulheres vive sozinha na área que corresponde ao setor Pinheiros, enquanto que no setor Santo Antônio não registramos nenhum caso semelhante. Estas que vivem desacompanhadas são, geralmente, as que já construíram uma família, os filhos já se casaram e, agora, entrando ou já estando na terceira idade, buscam preencher a solidão através da atuação comunitária, mas há também as que vivem sozinhas porque não se casaram. Os homens que vivem sozinhos e que atuam na comunidade no setor Pinheiros correspondem a apenas 5%. Isso condiz com a realidade social que permite ao homem um leque maior de opções fora da comunidade religiosa. Nessa realidade, constatamos que, enquanto a mulher vai à igreja, o homem aproveita para ir ao "bar da esquina" ou a outros lugares ainda não totalmente permitidos às mulheres. É o caso de M. L. S., de 53 anos, informante privilegiada do setor Pinheiros que, entre uma e outra informação, relatou-nos o seguinte:

> Vivi 25 anos com meu marido, sem casarmos na igreja. Eu sempre quis o casamento porque tenho quase todos os sacramentos, mas ele não queria porque achava que isso não iria mudar em nada no nosso relacionamento. Além do mais, ele nunca foi de vir à igreja, embora nunca me impedisse de participar. Eu sentia que me faltava algo para me realizar totalmente na religião católica. Depois de todo este tempo, consegui convencê-lo e, no ano passado, realizei meu sonho: numa cerimônia discreta (na sacristia da igreja), conforme seu desejo, nos casamos. Agora posso vir e comungar sem receio de estar em pecado ou ficar preocupada com o que as pessoas vão falar. Ele vem comigo e fica na padaria ao lado até que a missa termine. Sinto que sou muito mais feliz agora, pois estou em dia com Deus.

O marido de M. L. S. não participa da comunidade, mas, aceitando o casamento religioso, possibilitou que a esposa se sentisse incluída. Mesmo tendo uma frequência assídua, ela fazia parte de um grupo que não tem total acesso aos bens simbólicos da religião e se sentia excluída.

No entanto, ao relatar que seu esposo fica no bar enquanto ela vai à igreja, confirma o porquê de tão poucos homens serem membros atuantes da comunidade numa área como esta. Ou seja, além da igreja, eles têm outras opções, que são os bares e outros locais que possibilitam, naturalmente, o convívio social masculino. Os espaços públicos profanos são facilitados ao homem, que tem livre acesso, enquanto que para as mulheres os espaços são mais restritos.

Na periferia, esse quadro recebe uma mudança significativa. A porcentagem de pessoas atuantes na comunidade que vivem sozinhas é praticamente nula, enquanto que as famílias com mais de cinco pessoas formam a maioria (47% dos homens e 48% das mulheres). No setor Pinheiros, a maioria que respondeu viver só o casal (35% dos homens e 30% das mulheres) geralmente é membro ativo da comunidade, embora muitas vezes exerça atividades distintas. Nisto consiste a proximidade do percentual entre os gêneros masculino e feminino, somando uma diferença de apenas 5% entre eles. Os que vivem com um ou dois filhos também somam índices semelhantes de participação, ambos atingem 25%. A diferença tende a se acentuar no que corresponde à faixa etária entre 61 a 70 anos. As mulheres somam 49%, contra 31% dos homens. Essa diferença diminui à medida que a faixa etária também diminui, invertendo o quadro. Na faixa dos 51 aos 60 anos, os homens ultrapassam as mulheres, somando 42%, enquanto elas somam 31% e, assim, na ordem decrescente, sucessivamente, ocorrem diminuições da participação das mulheres comparada à dos homens. Encontramos, no setor Santo Antônio, um equilíbrio entre as respostas dos homens e as respostas das mulheres. Isto se dá pelo fato de serem, em grande parte, casais ou membros de uma mesma família que atuam na comunidade, o que não é muito comum no Setor Pinheiros, exceto quando se trata de membros de movimentos como o E.C.C. (Encontro de Casais com Cristo).

Como era de se esperar, nas comunidades do setor Santo Antônio, a grande maioria (80%) se classificou como membro da camada mais baixa da população, enquanto que no setor Pinheiros sobressaiu a camada social média. Com esses dados, foi possível concluir que, em ambos os setores, embora por motivos distintos, a comunidade religiosa é uma alternativa no combate às diferentes formas de exclusão que sofrem os católicos dos grandes centros urbanos. Eles têm em comum a busca pela convivência num espaço onde possam sentir-se integrados e respeitados em suas diferenças. Desse modo, classificamos a função da comunidade religiosa a partir da comprovação de que ela é um espaço que possibilita emergirem representações simbólicas de seus atores sociais, cujas práticas, no interior da mesma, possibilitam dirimir os efeitos das discriminações e outras formas de exclusões sofridas, transpondo, assim, situações diversas de exclusão, mesmo que, de início, seja apenas numa dimensão simbólica ou imaginária, como nos mostra o relato que registramos a seguir.

> Depois que comecei a participar da comunidade, tornei-me outra pessoa. Vivia doente e acho que, se não fosse esse grupo, já teria morrido. Aqui, além de Deus, tenho com quem conversar, partilhar minhas dificuldades e também posso fazer algo pelos outros (L. M. S.).

Esse relato de L. M. S., que mora sozinha num apartamento na região que comporta o setor Pinheiros, agrupa as principais características das mulheres que participam das comunidades católicas deste setor analisado. Ela tem mais de 65 anos, mora sozinha e, como a maior parte desta população, possui certo poder aquisitivo. Não obstante a aparente independência financeira, diz sofrer por causa da situação de solidão em que vive, motivo que a levou a participar mais assiduamente da comunidade. Na comunidade de São Pedro, no setor Santo Antônio, entre os tantos relatos recolhidos, registramos o de R. M. D., de 25 anos, separada e mãe de cinco filhos.

> A comunidade significa para mim, além de um lugar onde me sinto mais perto de Deus, um lugar que sei que posso contar com a ajuda dos outros. Já perdi a conta de quantas vezes fui socorrida com alimentos, remédios e outros tipos de ajuda da comunidade. Teve mês que paguei as contas de água e luz com dinheiro de campanhas feitas pelas pessoas daqui. Se hoje estou trabalhando, foi graças à ajuda destas pessoas da comunidade da igreja. Aqui me sinto amparada, e isso só pode ser coisa de Deus (R. M. D.).

Desse modo, a comunidade religiosa representa um espaço que, além de oferecer segurança e conforto espiritual, é também um espaço de sociabilidade entre seus membros, sendo, assim, uma forma de inclusão social. Do conceito de exclusão e de seu contrário, a inclusão, trataremos a seguir, no próximo capítulo. Veremos, portanto, que a exclusão, em seus vários desdobramentos, funciona como quebra de vínculo entre o indivíduo e a sociedade. Quando isso ocorre, resta a comunidade, cujo papel ou função é acolher e propiciar inclusão, através do oferecimento de recursos simbólicos, estruturando, assim, o processo de reintegração num outro meio social, oferecendo espaços e possibilidades de acolhida àqueles que, de alguma forma, se sentem, ou foram, de fato, excluídos. À vista disso, veremos no capítulo seguinte o conceito de exclusão e suas variantes, principalmente as relacionadas à religião. Assim sendo, nós a trataremos sob o prisma de um processo dialético, cujas conceituações faremos logo de início.

Segunda Parte

A dialética da exclusão e inclusão nos espaços sagrados

1. A dialética e suas conceituações

> "O espaço do sagrado é aquele onde a exigência pessoal do sentido, da relação com uma ordem idealizada pode encontrar seu lugar e sua satisfação. Mas tal relação não se dá sem ambiguidade" (Balandier, 1997, p. 232).

Antes de adentrarmos a temática da dialética da exclusão e da inclusão propriamente dita, achamos por bem delinear alguns conceitos-chaves para o entendimento da problemática apresentada nesta pesquisa. O primeiro conceito que permeia todo esse trabalho é o de dialética. Embora seja um dos conceitos mais antigos, complexos e contestados em todo o pensamento filosófico e social, não poderíamos deixar de concentrar, em poucas linhas, o que ele tem de essencial e que perpassa todas suas formas de utilização como categoria de análise.

A palavra dialética quer dizer a arte de dialogar, de contrapor ideias, e essa contraposição deve gerar outras concepções, que naturalmente entram em conflito, formando, assim, um ciclo que se repete, engendrando sempre uma nova tese. Portanto, em sentido bastante genérico, quer dizer oposição, conflito originado pela contradição entre princípios teóricos ou fenômenos empíricos. Esse é, comumente, o conceito empregado, ao longo da história, por distintas correntes filosóficas e sociológicas, desde os filósofos pré-socráticos até nossos dias, assumindo, assim, a seu tempo, de acordo com cada uma delas, significados distintos. Entre alguns destes conceitos, embora dessemelhantes, ocorre uma intrínseca ligação, e a argumentação pretendida no decurso desta pesquisa não está totalmente desvinculada destas conceituações dadas ao termo. Portanto, gostaríamos de apontar, de forma panorâmica porém incompleta, referências sobre esses conceitos, pelo menos os mais conhecidos.

No âmbito filosófico, principalmente para os filósofos mais antigos (como Heráclito de Éfeso, Parmênides, Sócrates, Platão e Aristóteles), dialética é um método, uma técnica, seguindo um raciocínio lógico, cujo objetivo é atingir algo pretendido como verdadeiro conhecimento, ou seja, inferir dados reais a partir de um processo sistemático de busca. Para Platão, esse é um método possibilitador da aproximação entre ideias particulares e ideias universais, puras, isto é, verdadeiras. O ponto de partida para Platão (República, livro VII, 1993, p. 345) é o mundo sensível, real, isto é, os dados concretos, princípio imprescindível para qualquer pesquisa de campo. A partir deste princípio, atinge-se o ideal, ou seja, aquilo que se quer provar como verdade. Isso se dá através de um processo que envolve pergunta, resposta e refutação da mesma, até que se atinja o pretendido. Técnica também utilizada por Sócrates (2000: 48), conhecida como *maiêutica*, em que um conceito é decomposto e investigado de forma racional, até se chegar a uma síntese, que, por sua vez, deve ser também examinada num infindável processo de busca da verdade. Para Aristóteles (1973, p. 78), a dialética é tida como a lógica do provável, um processo racional que não pode ser demonstrado. Aquilo que para Aristóteles é demonstrável, provável, é aquilo que parece aceitável, senão por todos, pelo menos pela maioria, ou, em último caso, pelos mais conhecidos e conceituados. Seguindo nesta mesma linha, encontramos a dialética transcendental de Emmanuel Kant (1997, p. 85), que questiona o valor do conhecimento metafísico. Kant sugere que as análises precedentes a esta dialética limitam o alcance do conhecimento e, portanto, podem ser tidas como uma espécie de "lógica da aparência". Desse modo, para Kant, a dialética transcendental pode corresponder a uma ilusão, pois está baseada em princípios abstratos; portanto, apresenta a realidade refratada por meio de quadros subjetivos do espaço e do tempo.

Para Hegel (1995, p. 162), que parte da síntese a priori de Kant, em que o espírito é constituído substancialmente como sendo o construtor da realidade e toda sua atividade é reduzida ao âmbito da experiência, a dialética é um movimento racional que, embora conflituoso, permite transpor a contradição que gera tais conflitos. É, portanto, um processo movido pela contradição, sendo essa mesma contradição necessária para se atingir o pretendido como real. Esse processo ocorre quando uma tese inicial se contradiz e é ultrapassada por sua antítese, que, por sua vez, conservando elementos da tese, é superada, formando uma outra, conhecida como síntese, que combina elementos das duas primeiras, num processo progressivo que a enriquece. Segundo Hegel (1995, p. 163), toda afirmação traz em seu bojo a negação, o que evidentemente resulta na negação da primeira afirmação, tornando-se, assim, uma segunda afirmação, que também contém dentro de si sua própria negação. Dessa forma, Hegel marca, com três momentos, a trajetória da história da dialética: tese, antítese e síntese e, assim, classifica o que seja a dialética a partir da oposição de elementos, cuja característica fundamental é a negação, em que a positividade se realiza através da negatividade. Com base na dialética da coexistência de Aristóteles (1973, p. 38), em que duas fases se contradizem, sendo que a segunda é negação da primeira, Hegel reúne as duas e as eleva numa fase superior, desenvolvendo a chamada dialética da sucessão e da coexistência de forma idealista. Nisto seu conceito de dialética se aproxima de Kant, tornando-se, portanto, conhecida como um tipo de dialética idealista e histórica que vai servir de base para a formulação da teoria de Marx e Engels.

Dessa maneira, os fundamentos do conceito hegeliano de dialética são retomados e reformulados por Marx e Engels, que, apesar de utilizar a mesma formulação, introduz um novo elemento em que a importância agora é dada à matéria, e não apenas ao espírito, o que a caracteriza como materialista. Materialista porque o movimento histórico passa a ser visto de forma diferente de Hegel, não mais como subordinação ou produção do espírito, mas como uma produção que é resultado das condições materiais da vida, vendo-a a partir do ponto de vista dos processos econômicos e sociais. Marx possibilitou, assim, utilizar a teoria hegeliana sem comprometer pelo idealismo de Hegel o que formulou como método dialético. Portanto, podemos afirmar que Marx, ao aplicar a estrutura proposta por Hegel, deu à sua teoria um status de método que possibilita analisar a realidade social, aproximando-a de um núcleo central onde se origina sua epistemologia. Segundo Marx, "não é a consciência do homem que determina seu ser, mas o ser social que determina sua consciência" (Marx, 2003, p. 52), resumindo, em partes, o que mais tarde seria chamado de materialismo dialético, método que substituiria o devir das ideias, ou do espírito humano postulado por Hegel, pelo progresso material e econômico. Com este método, Marx sustentou a tese de que o capitalismo industrial, visto como afirmação, engendra o proletariado, tido como negação, e essa contradição é superada, no futuro, pela negação da negação, ou seja, pela sociedade sem classes. Mas não vamos entrar agora nessa discussão filosófica, porque não corresponde, diretamente, ao que é tratado nesta pesquisa. Queremos apenas mostrar que o método é aplicável a outras realidades, obtendo, com isso, o resultado desejado.

Em suma, entre as diversas acepções de dialética, a de Hegel foi a que mais teve relevância para a sociologia moderna e contemporânea porque nela se encontra o germe de todas as demais variações e desdobramentos do conceito, e é a partir dela (com adaptações, principalmente no que concerne às sugestões dadas por Theodor Adorno, de uma *dialética negativa*) que fundamentamos o processo de exclusão e inclusão que ocorre nos espaços sagrados da Igreja Católica. Visualizamos, neste método, um instrumento adequado para captar a totalidade da realidade social que se esconde em tal estrutura, mediada por um poder sagrado, portanto simbólico, capaz de incluir, excluir e novamente incluir as pessoas num ciclo interminável que, segundo as normas e doutrinas sacramentais, almeja a redenção imanente e transcendente do ser humano, sem que isso supere as antinomias entre os atores sociais do espaço sagrado.

É desse modo que Adorno contribui para esta pesquisa quando propõe uma espécie de "inversão à dialética hegeliana, através de um percurso que supere os conflitos entre os opostos, cedendo lugar a uma razão antagônica no interior da qual as contradições não são suplantadas" (Adorno, 1999, p. 317). Opondo-se às conjecturas dos preceitos metafísicos hegelianos, Adorno apresenta "uma formulação conceitual centrada em impasses suspensos, em antagonismos que potenciam a si mesmos, em que o privilégio concedido por Hegel à Metafísica ceda lugar à História, trocando, assim, o idealismo das permanências pela finitude da experiência histórica" (Adorno, 1999, p. 358). Isto faz com que esse, diferentemente do movimento dialético da metafísica hegeliana, não tenha como horizonte uma totalidade unitária que supere as contradições, fazendo dela um movimento que nunca se completa, mas mantém a contradição com toda a sua força, ao mesmo tempo em que conserva as extremidades contrárias sem probabilidade de reconciliação. A esse processo ele deu o nome de *dialética negativa,* e, neste caso, a exclusão e a inclusão são conceitos que, necessariamente, continuam opostos e não devem formar uma síntese final, porque é na manutenção desta contradição que se apoia, no caso da Igreja, o poder simbólico. Assim sendo, a *dialética negativa* se coaduna com aquilo que aqui propomos como método de conhecimento do poder simbólico da religião. Segundo Adorno, "aquilo que caracteriza o conceito é tanto a relação ao não conceitual [...], toda definição de conceitos necessita de momentos não-conceituais [...]. Mudar a orientação da conceptualidade, voltá-la para o não-idêntico, eis a charneira de uma dialética negativa" (Adorno, 1999, p. 24). Desse modo, aquilo que caracteriza os conceitos de exclusão e inclusão, como veremos mais adiante, faz com que eles coexistam na Igreja, sem se reconciliarem, proclamando, assim, a Religião

Católica como veículo mantenedor não apenas de uma espécie de poder supracitado, mas também como instrumento que é, ao mesmo tempo, coercitivo e libertador. Um poder paradoxal que controla o comportamento social de boa parte de seus adeptos, por meio de um eixo doutrinário chamado sacramento.

Veremos a seguir um outro conceito, esteio neste trabalho, que se tornou vocábulo sociológico, cujos desdobramentos em seu uso atribuíram ao mesmo uma variabilidade de significados. Torna-se necessário esclarecê-lo antes de empregá-lo. Aludimos ao conceito de exclusão. Embora já o tenhamos empregado, anteriormente, cabe-nos agora dedicar um pouco de tempo em sua elucidação, porque, neste capítulo, ele é um conceito-chave. Para chegar ao que pretendemos, retomaremos, primeiro, algumas definições dadas ao conceito e às circunstâncias em que elas são empregadas. Não queremos, com isso, dizer que daremos um novo significado ao termo, mas sim que o empregaremos como categoria de análise das desigualdades no campo religioso católico, onde o emprego do termo é pouco comum.

2. A noção de exclusão e seus desdobramentos

Começamos pela definição genérica do termo, ou seja, a exclusão como o ato de privar ou excluir alguém de determinados lugares ou funções, quaisquer que sejam elas. Embora o conceito de exclusão seja amplo, tornou-se, segundo Serge Paugam, "mais um paradigma social do que um verdadeiro conceito sociológico, de tantas variantes no seu uso" (Paugam, 1999, p. 49), tornando-se, portanto, uma espécie de palavra matriz que comporta diversas noções para designar aqueles indivíduos ou grupos que são marginalizados em diferentes aspectos da sociedade, seja no âmbito do trabalho, educação, moradia, lazer ou mesmo da religião, como é a variante que aqui empregamos. Neste caso, a Religião Católica oferece um importante viés para esta análise, já que tratamos da exclusão também como consequência de um sistema político-religioso estruturado chamado Igreja, que ainda tem o poder de gerir comportamentos e bens simbólicos de salvação.

Desde a década de setenta, quando se começou a falar mais sobre exclusão, principalmente na França, já se percebia que a mesma não estava restrita a um determinado grupo ou categoria social, mas que era um fenômeno mais abrangente, que atingia outros grupos sociais. Segundo Paugam, foi R. Lenoir (1974) um dos precursores desta reflexão, ampliando-a para além da categoria do subproletariado, como comumente se restringia. De acordo com Paugam, "a partir de meados dos anos 70, com um livro que conheceu certo sucesso, denominado *Os excluídos"* (Paugam, 2004, p. 16), Lenoir salientou a reflexão sobre o tema da exclusão, ampliando-a para outros campos e categorias. Segundo Paugam:

> Ele insistiu quanto ao fato de que o fenômeno da exclusão e dos excluídos não tocava tão-somente o subproletariado, mas era um fenômeno mais amplo, que levava a problemas de integração que, aliás, poderiam alcançar vários grupos na sociedade francesa, por exemplo, pessoas de idade, defeituosos físicos, delinquentes, alguns doentes e, naturalmente, os imigrantes (Paugam, 2004, p. 16).

Dessa forma, é preciso desviar o olhar da análise da exclusão apenas em termos de pobreza e ampliá-lo em termos das mais diferentes formas de desigualdades que ocorrem em outros domínios socialmente importantes, como é o campo religioso, onde as pessoas não são necessariamente classificadas como pobres, mas nem por isso encontram acolhimento ou espaço para desenvolver ações que as façam sentir incluídas. De acordo com Paugam, "esquematicamente, foi preciso esperar o fim dos anos 80 para que a noção de exclusão se tornasse uma questão estruturada, ao mesmo tempo nas pesquisas e nas preocupações políticas" (Paugam, 2004, p. 17), para só depois ampliá-la e vê-la a partir de outras dimensões. Essa ampliação do leque de reflexão sobre a exclusão feita por Lenoir e continuada por Paugam é que nos leva, agora, a estendê-la para o campo religioso, onde se encontra, além da categoria tradicional e amplamente refletida da exclusão social, a exclusão que envolve as relações de poder que estão permeadas na estrutura eclesial católica e nos espaços de relações geridos pelos membros desta hierarquia. Dentro dela, encontramos excluídos não somente os grupos de pessoas acima assinalados por Paugam, mas também outros tipos de excluídos, nem sempre visíveis, que apontaremos no curso desta pesquisa. Concordamos com Paugam quando afirma que "podemos nos interrogar sobre o que significa realmente essa noção de exclusão, hoje" (Paugam, 2004, p. 17), e que é preciso utilizar este conceito de maneira ampliada para poder analisar outras situações que escapam ao modelo convencional que limita a exclusão social ao fator pobreza. Através do direcionamento do foco da noção de exclusão para o campo religioso, visualizamos uma nova modalidade de exclusão, deveras relevante para o entendimento de uma realidade social historicamente pautada pelo fator religioso. Este modelo de exclusão, originalmente concebido como uma explicação para as relações sociais numa economia de bens simbólicos, possibilita entender o conceito de exclusão em sua dinamicidade.

Desse modo, por meio desta variante no conceito de exclusão, tratamos, como sugere Paugam, "de abordar algo, mais além das condições econômicas das pessoas" (Paugam, 2004, p. 18), examinando, em especial, além das relações excludentes de poder, os laços sociais que se desenvolvem na igreja, alicerçados pela religião, para além da camada social a que o indivíduo pertence. Esses laços contribuem para a integração em outras organizações, como, por exemplo, a família, o trabalho e a escola, instituições socialmente consagradas. Veremos mais adiante, quando tratarmos dos sete sacramentos da Igreja como ritos de passagem, como eles contribuem para reforçar os laços familiares e os elos de parentesco espiritual, estimulando, através de diversos tipos de relações, mas principalmente da relação de compadrio oferecida pelos sacramentos do batismo, crisma, casamento e outras modalidades parassacramentais, a formação de elos familiares, tornando, assim, como constatou Maria Isaura Pereira de Queiroz (1976, p. 54), "fator decisivo de integração social". Desse modo, forma-se uma comunidade solidária, mecanismo alternativo de combate à exclusão nos mais diversificados campos de ação. Através da integração religiosa, comunitária e institucional, é possível viabilizar outras modalidades de inclusão.

Como percebemos, o conceito de exclusão nos oferece uma gama de interpretações, e, dentro deste variado conjunto de caracterizações, Paugam sugere, independentemente do tipo de exclusão tratado, três ferramentas teóricas que nos auxiliam na compreensão do tema e suas especificidades. O primeiro deles é a *desqualificação social*, que não é propriamente exclusão, mas que pode levar à mesma. Além deste conceito, há dois outros bastante importantes nessa reflexão, que podem ser tratados como dimensões da exclusão. São eles: *trajetória*, que permite mapear os circuitos de relações da pessoa, e *território*, que possibilita analisar o espaço territorial onde podem ser encontradas explicações plausíveis para os tipos de ações detectadas no espaço sagrado. São, portanto, dimensões que contribuem para o entendimento da exclusão no campo religioso católico a partir de comportamentos sociais norteados pela religião.

Na opinião de Paugam, a exclusão, enfocada a partir da dimensão de *trajetória*, indica a transitoriedade da mesma, recupera a ideia de que a *exclusão é um processo* (Paugam, 1999, p. 61) e que o excluído nem sempre nasce excluído, mas pode estar, num determinado momento, numa situação de exclusão. Essa visão é compartilhada por Paul Singer (2003, p. 62), que também a concebe como um processo que leva a mais desigualdade. Isso possibilita visualizá-la como um encadeamento de situações transitórias que podem ser superadas ou ampliadas, como veremos mais adiante. Esta dimensão está intrinsecamente ligada à segunda, a de *território*, que aqui tratamos de dividir em dois distintos setores da Igreja Católica na região metropolitana de São Paulo. Tais territórios ou setores estão, por sua vez, subdivididos em outros microterritórios, classificados como espaços sagrados, que são as paróquias, as igrejas, os templos, não só como estrutura, mas também como arquitetura, com suas outras inúmeras divisões e subdivisões internas de espaços reais e simbólicos mais ou menos sagrados, como demonstramos no primeiro capítulo deste livro.

O que queremos afirmar é que o conceito de exclusão social vai além das categorias tradicionais e, como sugere Paul Singer, ela "pode ser vista como uma soma de várias exclusões, habitualmente muito inter-relacionadas" (2003, p. 61). À vista disso, consideramos excluídos, além dos pobres, aqueles que, de uma forma ou de outra, são privados de alguma coisa social e culturalmente importante em sua vida, como pode ocorrer com o velho, o doente, com as pessoas com deficiência e, de modo particular, com os que sofreram ou sofrem rupturas afetivas e familiares. São estes, em grande parte, que procuram a igreja como espaço possibilitador de sociabilidades e de novos laços afetivos.

Em um texto intitulado "As armadilhas da exclusão", Robert Castel (2004, p. 18) nos leva a refletir sobre este conceito, demonstrando a grande abrangência ou amplitude que o mesmo ganhou a partir da década de 90, passando a designar um número imenso de situações diferentes. Em razão de sua inconsistência teórica, muitas vezes acabou encobrindo a especificidade de cada uma dessas situações. Diz ainda que o uso indiscriminado e, muitas vezes, impreciso do termo acaba por ocultar a situação real da questão. Desse modo, sua abordagem alerta para que não percamos de vista, frente às variantes no emprego do conceito, o fato de que qualquer forma de exclusão, seja ela política, econômica ou religiosa é uma "questão social" por excelência (Castel, 2004, p. 18). Segundo ele, "a exclusão se dá efetivamente pelo estado de todos os que se encontram fora dos circuitos vivos das trocas sociais" (Castel, 2004, p. 21), mesmo que essas correspondam a trocas simbólicas, como são as desenvolvidas pela religião. Enfim, não pretendemos, como alerta José de Souza Martins (2003, p. 16), substituir a ideia sociológica de *processos de exclusão* pela categoria genérica, portanto vaga, de exclusão, mantendo, assim, a expressão de contradição que ela representa. Assim sendo, passemos agora, através de um atlas da região metropolitana de São Paulo, para a análise da correlação entre religião e exclusão social, identificando quem são e onde vivem os mais excluídos da metrópole. A partir de diversos fatores, como cor, escolaridade, renda domiciliar, privação social, migração, violência, entre outros, compomos o quadro das adesões religiosas. Queremos, com isso, demonstrar que, através da localização geográfica da população da metrópole, é possível desvendar que influência a religião tem no processo de inclusão e exclusão social.

3. O mapa do poder simbólico da religião católica. Cartografia das religiões na capital de São Paulo

Para inferir dados sobre o poder simbólico da Religião Católica na região metropolitana de São Paulo e sobre a influência que ela exerce no quadro da inclusão social, é preciso levar em conta o modelo de organização do espaço que caracteriza esta região metropolitana. Para esse estudo, foi preciso recorrer aos resultados de diversas pesquisas que ajudaram a compor um mapa das religiões nesse território. Fizemos isso a partir da visualização do mapa da distribuição das religiões em São Paulo, elaborado, em conjunto, por vários órgãos de pesquisa (Cepid-Fapesp/CEM-Cebrap) com base nos dados do Censo 2000. Estes dados e informações comprovam a tese do poder simbólico da Religião Católica e de sua influência nas áreas com melhores condições de vida, confirmando que ela ainda é a religião dos socialmente incluídos, como podemos conferir no mapa abaixo.

Antes, porém, de tratar dos excluídos na Igreja Católica e das desigualdades de oportunidades no interior da mesma, o que diretamente nos interessa neste trabalho, esboçamos o atlas da configuração conspectiva das religiões na metrópole paulistana e o que essa distribuição assoma acerca do entendimento da exclusão social quando comparada com outros indicadores sociais. Veremos, portanto, que a difusão geográfica das religiões, na capital paulista e região adjacente, demonstra que a exclusão religiosa tem associação direta com a exclusão social. Comprova-se, com isso, que a exclusão religiosa faz parte de um amplo processo de privações que sofrem o indivíduo, grupos ou camadas sociais, mas que ela, a religião, detém, em seu âmago, elementos que possibilitam, senão suprimir, diminuir o grau de exclusão.

3.1. Mapa compactado da distribuição das religiões

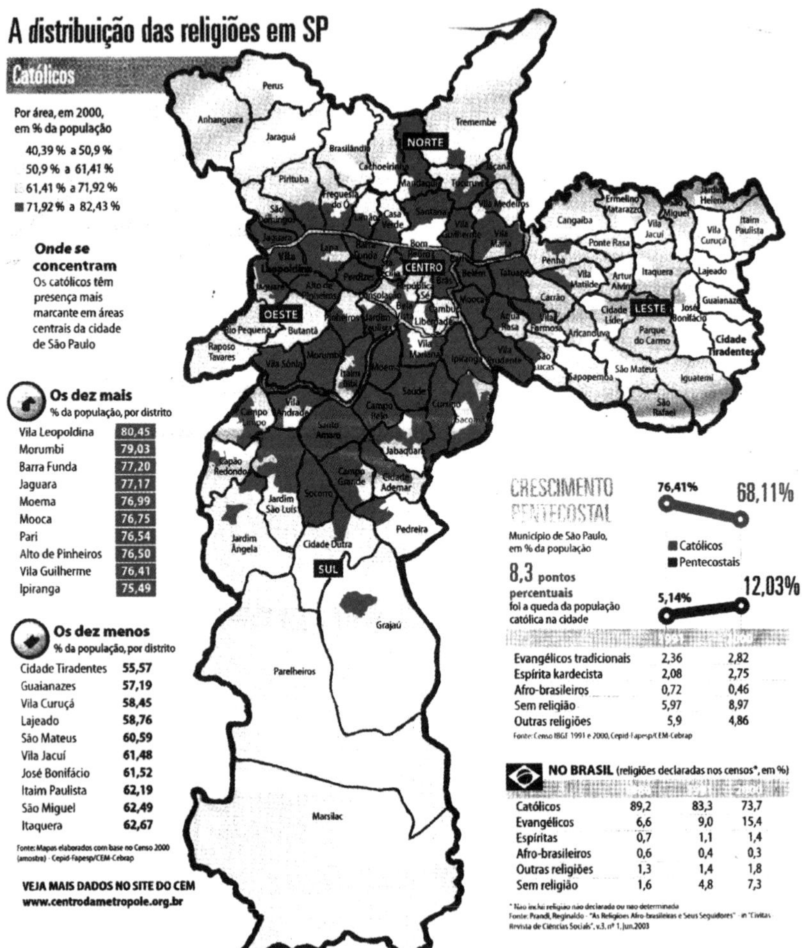

Fontes: Mapa elaborado com base no Censo 1991 e 2000 (amostra) – Cepid-Fapesp/ CEM-Cebrap. Não inclui religião não declarada ou não determinada. PRANDI, Reginaldo. *As religiões Afro-brasileiras e seus seguidores.* In "Civitas, Revista de Ciências Sociais", vol. 3, n. 1, junho de 2003. In *Folha de S.Paulo,* 19 de julho de 2004.

Por meio deste mapa compactado, verifica-se claramente a maior concentração de católicos na parte central, enquanto que nas regiões mais periféricas predominam os pentecostais. Os dez bairros com maior percentual de católicos são também os que figuram entre os mais nobres da capital paulista. Alto de Pinheiros, onde concentramos parte de nossa pesquisa, aparece com 76,50% de católicos. Este modelo apresentado no mapa demonstra uma das modalidades de exclusão social existentes nas metrópoles, nas quais os pobres vão sendo impelidos para as periferias, onde, de imediato, perdem seus referenciais religiosos de origem, ficando, portanto, vulneráveis a outras denominações religiosas que prometem prosperidade e ascensão social, operando, como sugere José de Souza Martins, "como técnica social de reinclusão dos desesperados e até de reinclusão preventiva dos condenados ao limbo da sociedade atual" (Martins, 2003, p. 19), dando, assim, "sentido a essa reinclusão marginal, justificando-a, ao invés de condená-la, pois destaca nela o fator da conversão e da salvação" (Martins, 2003, p. 20), como veremos no mapa da presença dos evangélicos pentecostais na periferia.

De acordo com o que vimos anteriormente, as várias noções no conceito de exclusão apresentam características comuns, sendo, portanto, em quaisquer modalidades, a consequência da discriminação, da privação ou mesmo dos obstáculos colocados, seja por uma economia capitalista globalizada que dificulta que indivíduos, grupos ou categorias sociais participem ou exerçam atividades sociais que lhes garantam uma vida mais digna, seja mesmo por Instituições religiosas tradicionais, como a Igreja Católica, que não acompanham as mudanças do cenário religioso e social, permanecendo "imutáveis" frente às constantes alterações. Enfim, quando falamos de exclusão a partir do dado da religião, acabamos sempre por retornar ao ponto inicial, a pobreza, porque esse continua sendo um fator preponderante no processo de exclusão que o mapa da distribuição das religiões em São Paulo também apontou. Dessa forma, a exclusão, independentemente do predicamento, "emana de uma ordem de razões proclamadas" (Castel, 2004, p. 41), proferidas pelas situações ou instituições sociais.

Portanto, quando nos referimos ao mapa da Religião Católica na metrópole de São Paulo, correlacionado com a exclusão social, referimo-nos a toda situação que envolve, direta ou indiretamente, a discriminação de pessoas, colocando-as em situação de esquecimento, subalternidade ou não-equidade, não-acessibilidade e não-representação no espaço religioso. Essa situação de exclusão traduz, segundo Castel (2004, p. 23), uma degradação relacionada a um posicionamento anterior: a pessoa que hoje é ou se sente excluída pode não ter sido antes. Ela não necessariamente nasceu excluída ou esteve sempre excluída. Encontramos, no setor Pinheiros, diversos casos de fiéis que, mesmo tendo certo poder aquisitivo, se sentiam excluídos devido a fatores como doença, a velhice, a solidão, problemas afetivos ou psicológicos e que, por isso, foram colocados à parte pela família, sendo, portanto, rejeitados ou mesmo desqualificados. Eles acorrem à igreja em busca de um espaço que possibilite a recuperação da sociabilidade perdida, em busca da atenção de pessoas que os ouçam em suas necessidades psicológicas, enfim, que os tratem como pessoas válidas, porque se tornaram, apesar das qualificações, *inválidas pela conjuntura social* (Castel, 2004, p. 1).

Neste sentido, foram encontrados, nos setores pesquisados, muitos fatos interessantes que confirmam o assunto tratado, mas não foi possível registrar todos; porém, dois deles são dignos de nota. O primeiro caso é o de R. P. N., professora aposentada, residente há muitos anos no bairro de Cerqueira César (Setor Pinheiros). Na época com 82 anos, contou que fora por mais de duas décadas catequista na paróquia São Paulo da Cruz, com profunda dedicação, mas que depois, talvez pela idade, segundo ela, foi dispensada. Passou a não desenvolver nenhuma função específica, restringindo sua participação às missas dominicais. Recentemente, foi convidada a retornar para dar catequese para adultos. Depois de anos de afastamento das atividades e de um certo esquecimento, motivada por este convite, sentiu-se novamente inclusa na igreja e isso trouxe para sua vida, segundo ela, novo alento. Disse: "É muito bom saber que ainda podemos contribuir com alguma coisa. Estou me sentindo tão bem que até minha saúde melhorou" (R. P. N.). O segundo registro foi feito na periferia de Osasco, Jardim Flor de Primavera. M. C. S., 32 anos, contou-nos sobre sua vida, que, de certa forma, não difere muito da vida de tantas que encontramos neste local: é jovem, pobre, semialfabetizada, migrante desempregada, vivendo com três filhos e a mãe doente num barraco de poucos metros quadrados. Contou-nos que o marido saiu há dois anos, para procurar emprego, e não voltou mais. Até hoje não sabe seu paradeiro. Vivia depressiva e chegou a pensar que só a morte seria a solução para seu sofrimento. A convite de uma amiga, agente de pastoral, começou a participar, com mais assiduidade, na comunidade católica de seu bairro, local que conhecia apenas pelas idas esporádicas à missa. Agora, entre outras atividades, participa da pastoral da criança, preparando um reforço alimentar chamado *multimistura*. Além de poder acompanhar seus filhos e outras crianças no controle do peso, encontrou um espaço de sociabilidade que lhe devolveu o sentido da vida, o que lhe motivou a outras buscas. Disse: "Antes, raramente vinha à missa, mas depois que me convidaram para ajudar nesta pastoral, descobri tanta coisa boa, inclusive o valor da vida e o sentido da religião. Não sabia que ser católica era também isso. Pensava que era só ir à missa e esperar que Deus fizesse algo por nós. Agora tenho amigos de verdade e até do *Greenpeace* faço parte" (M. C. S.). A pastoral da criança, além de acompanhar e tratar crianças vítimas da desnutrição, conscientiza as famílias através de orientações e cuidados básicos, despertando o compromisso mútuo e solidário que se configura em consciência social. Portanto, em ambos os casos, tanto no centro como na periferia, o espaço da igreja serviu como um espaço de ressocialização e reintegração com a comunidade local, fazendo com que a religião cumprisse uma de suas principais funções, a de coesão social. Segundo Joachim Wach, a religião e seus espaços, rituais, "não servem apenas para articular a experiência daqueles que neles tomam parte, mas contribuem em grande medida para a formação e determinação da organização e do espírito do grupo" (Wach, 1990, p. 57).

Dessa forma, para analisar a religião e sua correlação com a exclusão social, é preciso, antes, compreendê-la envolta num conjunto de fatores que estão entrelaçados na sociedade, como cor da pele, escolaridade, renda, privação social, migração, além de outras situações políticas e culturais ligadas diretamente à religião, como trânsito religioso e transição demográfica das religiões influenciadas pelos fatores sociais supracitados. De acordo com o que já foi dito, todas essas condições devem ser analisadas e tratadas como um processo ou trajetória, e não meramente a partir de uma visão estática e reducionista de que os excluídos são apenas aqueles que estão em pior situação de pobreza. Como vimos, exclusão social não é, exclusivamente, sinônimo de pobreza. Concordamos com Adaílza Sposati que "pobre é o que não tem, enquanto o excluído pode ser o que tem sexo feminino, cor negra, opção homossexual, é velho etc." (Sposati, 1999, p. 129). Portanto, "a exclusão inclui até mesmo o abandono, a perda de vínculos, o esgarçamento das relações de convívio, que necessariamente não passam pela pobreza" (Sposati, 1999, p. 130). À vista disso, amplia-se e classifica-se o leque de compreensão da exclusão social também como cultural, relativa, histórica e religiosa. Enfim, a exclusão como perda de possibilidade de participação efetiva num determinado espaço de relações sociais.

Ao observarmos os mapas da distribuição das religiões em São Paulo, vemos que as desigualdades na geografia das religiões são mais perceptíveis entre católicos e pentecostais, embora outras denominações menos expressivas estejam entrelaçadas nessa teia religiosa da metrópole. Esta disparidade ocupacional aponta para algumas questões que merecem atenção: Qual é a relação entre economia, pobreza e religião? Por que católicos, protestantes tradicionais e espíritas estão nos bairros mais nobres, e os pentecostais na periferia? As respostas a elas não são tão simples como se poderia pensar, mas vamos procurar, ao longo do texto, refletir sobre elas e, se possível, respondê-las. Antes, porém, vale lembrar que as periferias são áreas de maior competição no campo religioso e, dessa forma, as religiões mais tradicionais perdem espaço para o acirrado proselitismo utilizado por certas igrejas pentecostais que aproveitam da vulnerabilidade dos católicos apenas de batismo para atraí-los às suas igrejas com promessas de superação das dificuldades e ascensão social. Em contraposição ao mapa anterior, os dados do mapa abaixo confirmam que, nos bairros de pior localização, o número de pentecostais é predominante, sobretudo nas zonas norte e leste, como podemos conferir.

3.2. Evangélicos Pentecostais: áreas de maior representatividade

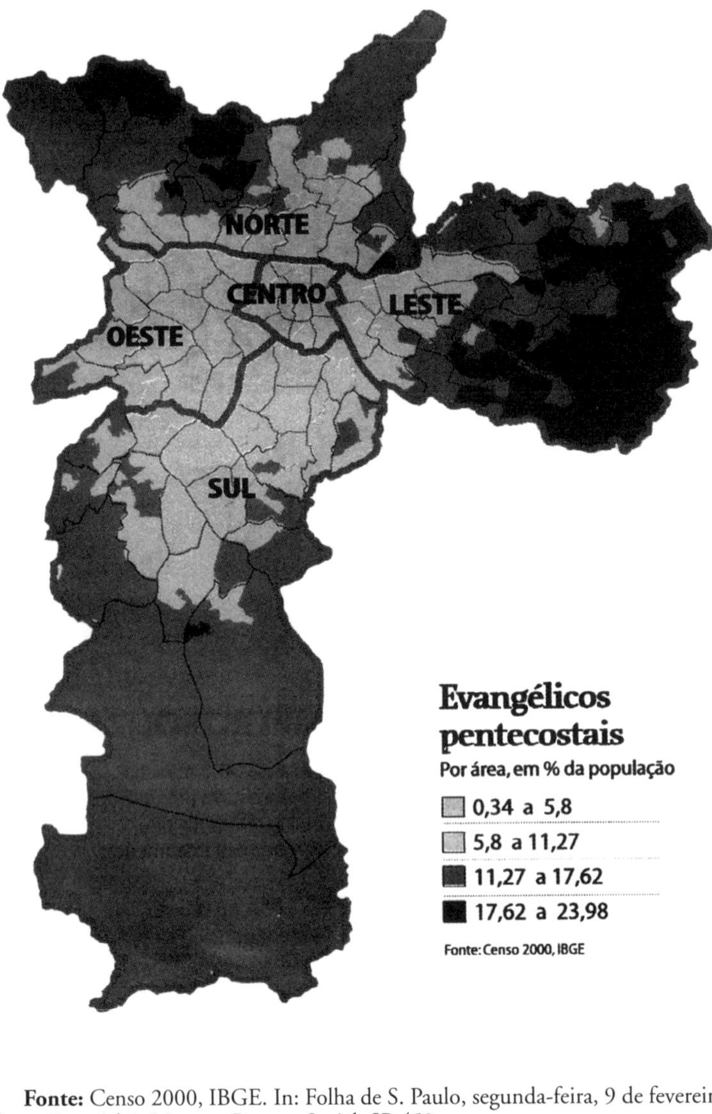

Fonte: Censo 2000, IBGE. In: Folha de S. Paulo, segunda-feira, 9 de fevereiro de 2004. Caderno Especial 2, Mapas – Retrato Social, SP 450 anos.

O mapa anterior constitui uma tentativa de, por um lado, considerado o conjunto dos bairros que compõem a capital paulista, representar a filiação dos evangélicos pentecostais em São Paulo, e, por outro, traçar o perfil dos mesmos e a relação existente entre pobreza e pentecostalismo e religião e exclusão social. Passemos, em primeira instância, à análise dos dados apresentados no mapa para, posteriormente, fazermos as inferências cabíveis.

Segundo o Censo 2000, houve um crescimento significativo das igrejas evangélicas e pentecostais durante a década de 90 nos grandes centros urbanos, e este aumento foi constatado principalmente nas regiões mais pobres e violentas das capitais, como vemos no mapa da cidade de São Paulo. Segundo dados do *Atlas da Filiação Religiosa e Indicadores Sociais no Brasil* (2003, p. 39), "o número de pessoas que declaram pertencer a uma das religiões do grupo pentecostal encontra-se em constante aumento no Brasil: 3,9 milhões em 1980, 8,8 milhões em 1991 e 18 milhões em 2000" (Jacob, 2003, p. 39). A capital paulista representa o maior contingente de pentecostais, chegando a 1,7 milhão. Destes, 21,7% estão no bairro Cidade Tiradentes, e 21,1% em Lajeado. Como podemos conferir no mapa acima, a região central de São Paulo representa apenas de 0,34% a 5,8% de evangélicos pentecostais. Percebe-se que essa porcentagem tende a aumentar à medida que se distancia do centro. Os bairros centrais concentram uma porcentagem entre 5,8% e 11,27%, e a faixa seguinte do mapa, um pouco mais distante, registra entre 11,27% e 17,62%. Por fim, na faixa que corresponde à periferia, a Zona Leste da capital, aglomeram-se entre 17,62% a 23,98% dos evangélicos pentecostais, formando, assim, uma espécie de "onda" que se amplia à medida que se distancia do centro.

Mapa 6: Templos e vias principais na Zona Leste de São Paulo

Fonte: Banco de dados de endereços religiosos na cidade de São Paulo, elaboração CEPID-FAPESP/ Centro de Estudos da Metrópole (CEM)/Cebrap, 2003.

No contraponto dessa situação, encontram-se os católicos, como se pode conferir no mapa seguinte. A região central e bairros contíguos, tradicionalmente reduto das elites, concentram entre 71,92% e 82,43% dos católicos. Na parte em torno da região central, onde estão localizados os bairros mais nobres da capital paulista, como Morumbi, Moema, Jardins, Altos de Pinheiros e Lapa, entre outros, concentram-se entre 61,41% e 71,92% dos católicos. Seguindo esta dinâmica e a comparação entre religião e exclusão social, conclui-se que as religiões evangélicas pentecostais são as religiões dos mais pobres, enquanto que o catolicismo ainda continua sendo a religião dos mais ricos. A partir deste dado, é possível entender que o crescimento dos pentecostais na década de 90, constatado pelo IBGE, reflete o processo de empobrecimento da população. O fato de boa parte das religiões de cunho pentecostal pregar o desenvolvimento econômico pessoal e consecutivamente a ascensão social contribui para o aumento no número de adeptos nas periferias. Esse é também um dos fatores da crescente busca entre os empobrecidos por igrejas que apregoam a teologia da prosperidade, como é o caso da I.U.R.D. (Igreja Universal do Reino de Deus) e de outras tantas que apareceram nas últimas décadas.

As investigações do CEM (Centro de Estudos da Metrópole), com base nos dados do IBGE que apontaram este crescimento acentuado dos evangélicos pentecostais nas periferias, principalmente nas zonas leste e norte, que são áreas de grande exclusão social, condizem com uma outra pesquisa, de âmbito nacional, que afirma ser este um dado "visto com frequência como um processo espontâneo em função do *vácuo espiritual* deixado pela Igreja Católica" (Jacob, 2003, p. 216) nas periferias. De acordo com o *Atlas da Filiação Religiosa e Indicadores Sociais no Brasil*, "identifica-se a formação de *anéis* evangélicos nas regiões metropolitanas brasileiras, que parecem ter o propósito de, a partir das periferias das grandes cidades, atingir os municípios centrais, que frequentemente apresentam nítido predomínio católico" (Jacob, 2003, p. 217), como podemos visualizar no mapa seguinte.

Para concluir a análise deste mapa, vimos, em primeiro lugar, que os adeptos das religiões evangélicas pentecostais são pobres, habitam as periferias, principalmente a Zona Leste da capital, e que a ligação entre pobreza e pentecostalismo tem estreita relação com o fato de este se apresentar, através de uma teologia da prosperidade, como uma possibilidade de melhoria de vida. Esse tipo de teologia associa a graça divina ao êxito econômico. De acordo com essa compreensão, o bem-sucedido é o protegido ou favorecido por Deus. Isso não significa que a filiação religiosa a uma Igreja Evangélica Pentecostal seja, unicamente, por causa das condições econômicas, mas que, "em certa extensão, aparece como resultante delas" (Weber, 1996, p. 19). Por não se ter muita expectativa de sucesso pelos meios convencionais da concorrência de mercado busca-se um meio *má-*

gico de *investimento financeiro*, a relação de troca simbólica, em que se deixa de ter os santos como intermediários nas necessidades, tornando-se destinatário direto das supostas benesses oriundas do reino dos céus, conquistando, assim, ainda nessa vida, a felicidade que a doutrina católica joga para outra. Segundo Marcelo Neri, a igreja pentecostal "é vista como uma forma de ascensão social. As igrejas emergentes cumprem um papel fundamental como rede de proteção social, num momento de desconforto econômico. Elas substituíram, em parte, o Estado, pois oferecem serviços sociais e cobram impostos, os dízimos" (Neri, 2005a, p. 8). Desse modo, segundo Neri, a tese da 'Ética Protestante', defendida por Max Weber, não se confirma no Brasil porque as religiões evangélicas não se desenvolveram entre os mais ricos e letrados, embora se busque riqueza na religião. O fato de seguir mais de perto uma religião propicia um sentimento de inclusão, e isso é manifesto através da mudança de comportamento, antes sem nenhuma importância, mesmo que esta seja uma "inclusão precária e instável, marginal" (Martins, 2003, p. 20). Não obstante os esforços feitos pela Igreja Católica em "optar preferencialmente pelos pobres", eles continuam migrando para as igrejas pentecostais. Segundo o Bispo D. Pedro Luiz Stringhini, a Igreja Católica fez a opção pelos pobres, e eles fizeram a opção pelos pentecostais. Vejamos, a seguir, o mapa da presença dos católicos nas regiões supracitadas e sua relação com a exclusão e inclusão social.

3.3. Católicos: áreas de maior representatividade

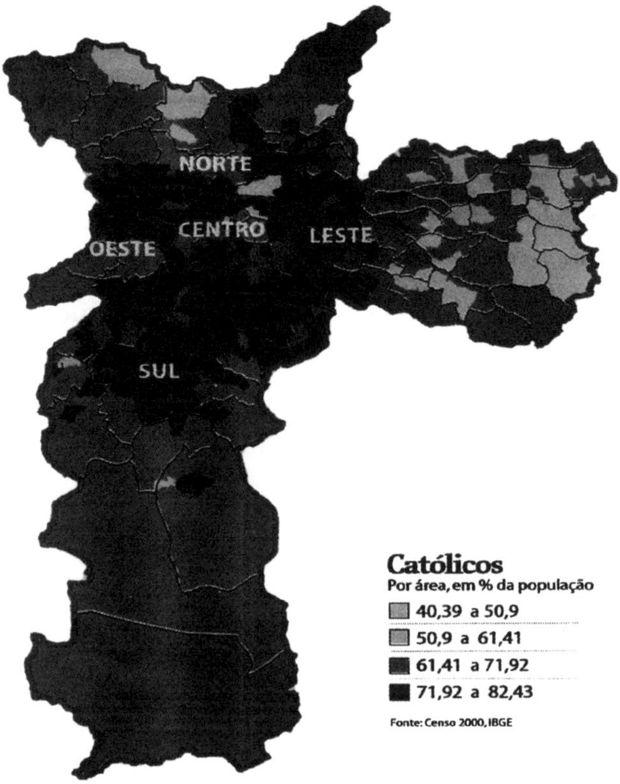

Fonte: Censo 2000, IBGE. Mapa elaborado pelo Centro de Estudos da Metrópole do Centro Brasileiro de Análise e Planejamento (Cepid-Fapesp/CEM-Cebrap). In: *Folha de S.Paulo*, segunda-feira, 9 de fevereiro de 2004. Caderno Especial 3, Mapas – Retrato Social, SP 450 anos.

Seguindo a dinâmica da exclusão territorial a partir da religião, vemos, pelos dados dos mapas anteriores, que, se os pentecostais estão na periferia, o centro só pode ser território dos católicos, embora a realidade não seja assim tão simples. Esses distritos centrais "escondem realidades tão díspares quanto a riqueza dos Jardins e a pobreza e violência do Jardim Ângela. Entre os extremos, há um mar de situações com diferentes graus de exclusão social" (Campos,

2004, p. 99) e exclusão religiosa, como veremos mais adiante quando tratarmos das exclusões internas da Igreja Católica. É importante observar, porém, que a maioria destes bairros que aparecem em destaque no mapa da região central de São Paulo, que podemos chamar de *bairros católicos*, é área habitada pelas camadas mais altas da cidade. Nelas estão os bairros onde centramos parte de nossa pesquisa. Fazendo agora o caminho inverso daquele que fizemos ao analisar o mapa anterior, vamos olhá-lo a partir da periferia em direção ao centro-sul da cidade. Percebemos, dessa maneira, que a presença católica aumenta até chegar ao miolo composto por Moema, Itaim Bibi, Jardim Paulista, Alto de Pinheiros e Pinheiros, onde estão os católicos que pesquisamos. Aqui está concentrada a maioria católica, como mostra o mapa.

Raquel Rolnik (2003, p. 76), quando estuda o processo de dualização ou fragmentação que a cidade sofreu ao longo dos anos, devido a inúmeros fatores, mas, sobretudo, pelos padrões urbanísticos que se configuraram a partir daquilo que ela chamou de *máquina de exclusão territorial*, constata uma cidade que foi dualizada na imagem que vemos no mapa, ou seja, em apenas centro e periferia. Chama a atenção que nessa extremada dualização há elementos que se confundem não porque são similares, mas porque têm nomenclaturas parecidas. Diz ela que "só quem conhece a cidade consegue entender como nomes tão parecidos podem designar territórios tão diferentes" (Rolnik, 2003, p. 76), como, por exemplo, "Jardim Paulista e Jardim Ângela, Cidade Jardim e Cidade Tiradentes, Higienópolis e Paraisópolis" (Rolnik, 2003, p. 76). A estes acrescentamos Itaim Bibi e Itaim Paulista e, se formos para Osasco, na outra área que focamos nossa pesquisa, encontramos algo parecido, como, Jardim Rochidale e Jardim São Pedro, Jardim das Flores e Jardim Flor de Primavera e outros tantos que se confundem apenas no nome, mas com realidades sociais bem distintas. Essa confusão semântica ou visual também ocorre no campo religioso, confundindo os que transitam pelas praças dos bairros centrais e encontram pastores pentecostais a pregar em praças como as da Sé e República, dando a impressão de que os pentecostais também estão residindo nas regiões centrais da cidade. Porém, quando observamos a ocupação territorial com a ajuda de dados censitários, através do filtro da declaração religiosa, vemos outra realidade, como a que aparece no mapa: católicos nas regiões centrais e pentecostais nos subúrbios.

De acordo com estudos desenvolvidos pela FGV (Fundação Getúlio Vargas), pelo fato de serem mais ricos, os católicos são também mais numerosos entre os empregadores. Na região metropolitana de São Paulo, eles chegam a 76,38% (Neri, 2005, p. 8). Segundo essa mesma pesquisa, "comparando populações com exatamente as mesmas características socioeconômicas e raciais, a renda dos católicos é 7% maior do que a dos evangélicos e 10% mais alta do que a dos sem-religião" (Neri, 2005a, p. 8). Temos a confirmação destes dados nos mapas seguintes, quando comparamos a religião com outros itens como cor da pele, renda e privação social. Além das divisões territoriais entre católicos e pentecostais, há também, como vimos no capítulo anterior, divisões no espaço sagrado entre os próprios católicos. Em se tratando de católicos pobres, eles geralmente não frequentam os mesmos templos que seus patrões. Ou seja, não são as mesmas igrejas de seus empregados que frequentam esses empregadores de São Paulo. Os empregadores da capital estão nas paróquias das regiões supracitadas que formam o *anel* religioso católico da metrópole. Eles frequentam igrejas como as de São José, no Jardim Europa e Nossa Senhora do Brasil, nos Jardins. A Revista Veja São Paulo registrou este agrupamento da elite católica da capital paulista da seguinte maneira:

> Anoitece no domingo friorento e a movimentação de carros importados na esquina das ruas Áustria e Dinamarca, no Jardim Europa, é frenética. Parece a agitação que antecede às elegantes festas do bairro. Choferes e manobristas ajeitam carros Jaguar, Mercedes, BMW e Ferrari no pátio e na pracinha em frente à Igreja São José, enquanto os fiéis em casacos de pele e pulôveres de cashmere entram e acomodam-se na nave em um de seus quarenta bancos de madeira. Não é de hoje que as missas dominicais celebradas nessa paróquia reúnem o rebanho endinheirado do bairro (Alonso, 2004, p. 10).

Em seguida, são descritos os nomes de alguns destes ilustres frequentadores do referido templo católico.

> [...] Os Diniz estão sempre por lá. Os Suplicy em peso também – do roqueiro Supla a dona Filomena. Sem contar famosos como a modelo Daniela Cicarelli, o apresentador Otávio Mesquita e o cantor Paulo Ricardo, que vez ou outra dão o ar da graça. Na lista dos que vão lá, com maior ou menor frequência, aparecem ainda pessoas das famílias Matarazzo, Simonsen, Jafet e Saddi. [...] A paulistana Rosangela Lyra é uma das primeiras da fila. Diretora da grife francesa Dior no Brasil, Rosangela frequenta com suas amigas a igreja há pouco mais de dois anos. [...] Os empresários mais poderosos, claro, estão sempre acompanhados por seus próprios motoristas e guarda-costas, que costumam esperar do lado de fora (Alonso, 2004, p. 10).

Deste modo, a cartografia das religiões na região metropolitana de São Paulo ajuda a confirmar a tese do poder simbólico da Religião Católica no que concerne à exclusão e inclusão porque evidencia o fortalecimento econômico dos fiéis agregando em seus quadros os de maior poder aquisitivo, revelando, assim, a estreita relação entre religião e estratificação social. O catolicismo como a religião dos socialmente incluídos, isto é, da maioria branca, com maior nível de escolaridade e com renda a partir de dez salários mínimos, como podemos conferir nos mapas seguintes, vem confirmar que, na prática, ser católico ainda representa ter maior aceitabilidade social, dado este que chega a camuflar a realidade dos resultados das pesquisas censitárias. Ademais, a partir do dado da localização domiciliar por religião e, consecutivamente, dos fatores a ela agregados, é possível compor outros mapas que apontam os principais indicadores sociais de pobreza, contribuindo, assim, para conhecer a realidade da metrópole e, com isso, buscar alternativas que revertam o agravamento do quadro da exclusão que se amplia em suas bordas. No próximo mapa analisaremos a ocupação territorial da região metropolitana a partir do quesito cor da pele.

3.4. Pretos e pardos: mapa da distribuição da população afro-descendente

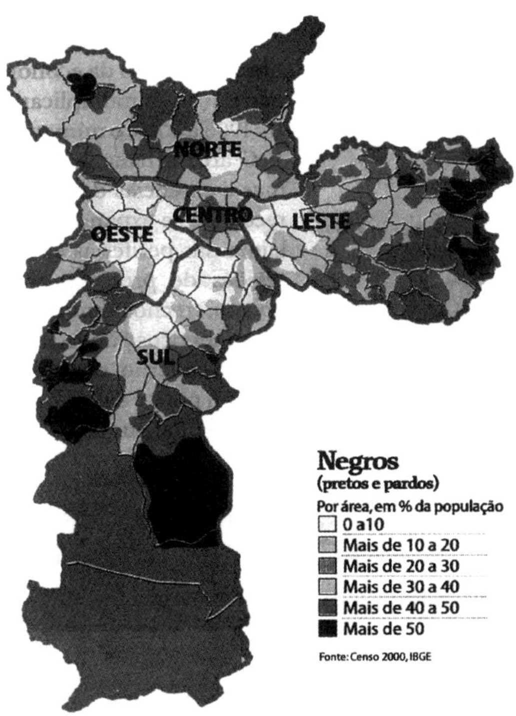

Fonte: Censo 2000, IBGE. In: Folha de S. Paulo, segunda-feira, 9 de fevereiro de 2004. Caderno Especial 2, Mapas – Retrato Social, SP 450 anos.

Por primeiro, queremos alertar que vamos utilizar, na análise desse item, a classificação usada pelo IBGE, que é a de cor (preto, pardo, branco), embora outras nomenclaturas, como negro, mulato, afro-descendente também apareçam no decorrer desta e de outras partes deste livro, sem que, com isso, tenhamos a pretensão de entrar na polêmica discussão conceitual de raça, porque não é este nosso objetivo. O que se sabe, porém, é que não é possível discutir exclusão social, mesmo no âmbito da religião, sem reportar esta questão medular no processo de estratificação social, seja de um bairro, de uma cidade ou da sociedade como um todo.

Antes de expor as inferências sobre os dados apresentados no mapa, queremos recordar que por estratificação entendemos aqui o processo de diferenciação das diversas camadas sociais que compõem a região metropolitana que estamos estudando, agrupadas em territórios ou regiões e que, neste sentido, além de suas denominações religiosas e de cor da pele, são levadas em consideração outras desigualdades como renda, privação social, migração, escolaridade, violência e demais características que venham a constituir indicadores de diferenciação ou separação em grupos ou níveis sociais. Enfim, estratificação e exclusão podem ser vistas aqui, senão como conceitos sinônimos, pelo menos como conceitos similares ou com leve distinção, dependendo do ponto de vista do objeto estudado. Desse modo, o dado da cor da pele representa um indicador relevante quando se trata do estudo da exclusão social feito a partir da identificação de territórios e da religião desses grupos.

De acordo com o que sugere Maria Isaura Pereira de Queiroz (1978, p. 232), se pretendemos estudar as relações de exclusão e inclusão, temos que partir de uma análise da integração dos negros, ou afro-descendentes, na estratificação da sociedade. Portanto, tratamos de analisar brevemente as associações existentes entre o fato de os brancos católicos ocuparem as regiões mais nobres e os afro-descendentes pentecostais, a periferia. Assim sendo, o conceito de estratificação ou exclusão será, de certo modo, o fio condutor desta análise e será empregado num sentido relacionado, como já vínhamos fazendo, com os fatores religião e economia. Nesse sentido, são rotulados de "excluídos" os grupos que se enquadram nas categorias que ganham pouco, sofrem privações sociais do tipo moradia precária, desemprego ou subemprego, escassez ou ausência de serviços básicos como saneamento, saúde e alimentação, entre outras, que são migrantes, possuem baixa escolaridade e vivem em áreas com registro de altos índices de violência. Todos esses indicadores os colocam numa situação de exclusão que se traduz em dificuldade de inclusão nos bairros onde vivem os brancos católicos de maior poder aquisitivo, fazendo-os, portanto, permanecerem não somente na periferia da cidade como também na *periferia do sistema estrutural* (Bastide, 1971a, p. 35), inclusive do sistema estrutural religioso. Desse modo, poder-se-ia falar em exclusão dos afro-descendentes pentecostais na região metropolitana de São Paulo? Se entendermos exclusão como sinônimo de marginalização, ou seja, de estar à margem da metrópole e dos bens e serviços mais desenvolvidos, podemos concluir que sim. Essa inferência se confirma a partir do conjunto dos indicadores sociais que o atlas aqui apresentado revela. Dentre o conjunto de mapas, o que trata da distribuição da população afro-descendente de São Paulo confirma a pouca representação dos mesmos nas regiões centrais e, portanto, nos templos católicos destas áreas.

Enfim, no mapeamento destas áreas geográficas, a partir do quesito cor da pele, ficou constatado que na região central a porcentagem de pretos e pardos varia de 0 a 10%. Esse índice tende a aumentar à medida que se afasta do centro e dos bairros mais nobres (como podemos conferir no mapa). As áreas em torno da região central concentram de 10% a 20% da população afro-descendente. As duas últimas faixas, que correspondem aos bairros periféricos, respondem com 40%

a 50% da população preta e parda. Bairros periféricos como Lajeado e Jardim Ângela, além de concentrarem um número significativo de pessoas evangélicas pentecostais (somados os dois bairros, chega-se a 42,8% desta denominação religiosa), concentram também a maior parte da população afro-descendente (Lajeado 51,8% e Jardim Ângela 51,4%), seguindo, portanto, padrões históricos de exclusão. Esses dados se contrapõem com os dados dos bairros de Moema e Jardim Paulista, que têm apenas 4,7% (Moema) e 5,2% (Jardim Paulista) da população de pretos, tornando evidente a disparidade social nesse quesito. O que se atesta é que nos distritos que oferecem melhores condições de vida, os pretos não atingem 10% da população, enquanto que, nas áreas periféricas, a proporção é de um preto para cada branco (IBGE, 2000).

No setor em que concentramos nossa pesquisa, o bairro de Pinheiros e adjacências, o índice da população que se autodeclara preta, segundo os dados do Datafolha (2004), é de apenas 8%, enquanto que o de brancos chega a 62%, sendo que a média na cidade de São Paulo, segundo este mesmo órgão de pesquisa, é de 11% de pretos e 46% de brancos. Já os que se autodeclaram pardos atingem, nesse setor, 16%, sendo, portanto, a média em São Paulo, 28%. Assim sendo, percebemos que esta é, de fato, uma região de predominância branca e católica (64% de católicos e 10% de evangélicos pentecostais) (Datafolha, 2004, p. 2). Já no setor Santo Antônio, periferia de Osasco, não pudemos obter esses dados com tanta precisão, mas o levantamento de campo que fizemos, cruzado com os dados fornecidos pela Prefeitura Municipal daquela cidade e os dados dos mapas aqui registrados, confirmou a inversão desse quadro e a concordância com os dados gerais da cartografia aqui apresentada.

Portanto, de acordo com os mapas anteriores (evangélicos pentecostais na periferia e católicos no centro), conclui-se que, se os afro-descendentes estão em sua maioria na periferia, logo, eles são também, em sua maioria, pobres. Sabemos, contudo, que a periferia não é composta apenas por essa categoria. À vista disso, como fica, então, a situação dos afro-descendentes católicos dessa área? A resposta a essa questão não é tão simples como parece em sua formulação. É preciso, antes, buscar dados na história da relação de exclusão e inclusão da mesma com a Religião Católica, mas este tema nós deixaremos para outros pesquisadores. Algo do gênero abordaremos mais adiante, quando tratarmos dos sacramentos como bens simbólicos que contribuem no processo de inclusão ou de exclusão religiosa e social. Vale antes lembrar o que registrou Maria Isaura Pereira de Queiroz: "a existência de confrarias religiosas diferentes, de acordo com os grupos étnicos, responde a esta questão" (Queiroz, 1978, p. 236). Num tempo em que a Religião Católica era hegemônica, as confrarias cumpriam essa função. Como hoje as confrarias não têm a mesma representatividade e o mesmo significado, a grande oferta de religiões neopentecostais, de certa forma, substitui aquilo que era oferecido pelas confrarias católicas.

A adesão dos afro-descendentes da periferia a estas denominações religiosas confirma, portanto, o poder simbólico da religião (neste caso, da religião evangélica pentecostal), de ser um instrumento para uma possível ascensão a uma posição um pouco mais valorizada, podendo, assim, adquirir outros tipos de prestígio que não conseguiriam alcançar facilmente fora da religião. Esse conjunto de associações propostas pelos mapas leva a concluir que as religiões pentecostais também têm um poder simbólico de inclusão, mesmo que essa continue a ser uma inclusão precária e marginal, porque os afro-descendentes vão continuar, em sua grande maioria, residindo nos bairros marginais. Essa marginalidade territorial tem a ver com um outro fator importante na inclusão social global: a renda. Analisaremos esse dado a partir daquilo que nos apresenta o mapa seguinte, correspondente à renda domiciliar dessas famílias.

3.5. Renda familiar: mapa da distribuição das famílias de acordo com a média mensal em salários mínimos

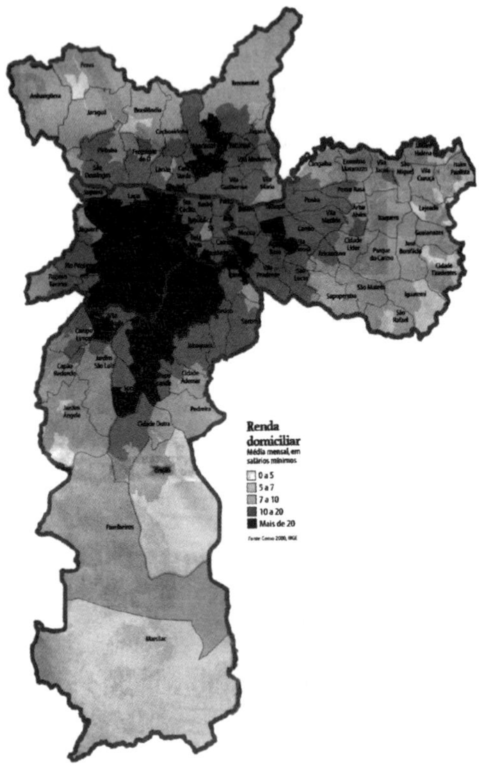

Fonte: Censo 2000, IBGE. In: *Folha de S.Paulo*, segunda-feira, 9 de fevereiro de 2004. Caderno Especial 2, Mapas – Retrato Social, SP 450 anos.

De acordo com uma categoria marxista, podemos afirmar, a partir dos dados acima e de outros indicadores sociais, que o sistema de estratificação ou exclusão socioeconômica existente na metrópole de São Paulo e região se configura pela relação similar ao que Marx e Engels (1999, p. 66) classificaram como relação entre *burguesia* e *proletariado*, entendendo burguesia como a camada dos que são proprietários dos meios de produção social, como vimos anteriormente, isto é, os empregadores que, comumente, frequentam a paróquia de São José, no

Jardim Europa. Os mesmos que estão nas áreas mais nobres do mapa e que, de certa forma, representam aqueles que empregam os trabalhadores assalariados que vivem nas áreas mais pobres, nas bordas do mapa. Esses, por sua vez, não tendo meios de produção próprios, são obrigados, para sobreviver, a venderem a preço muito baixo sua força de trabalho, caracterizando-se, assim, como proletários. Isso quando conseguem emprego formal, porque muitos estão na informalidade ou desempregados, o que os coloca, muitas vezes, numa condição de *lumpemproletariado* (Marx & Engels, 1999, p. 76), ampliando, assim, o abismo entre essas camadas.

Desse modo, a capital paulista se caracteriza pela existência de uma camada em sua área central cuja renda familiar está acima de vinte salários mínimos e de outras que vão diminuindo gradativamente de renda, à medida que se distanciam destas áreas nobres, chegando à margem da cidade com uma média que vai de zero a cinco salários mínimos por família. Dentre os bairros mais centrais, que se apresentam com renda familiar mais alta, estão: Morumbi – 62,4; Moema – 48,3; Jardim Paulista – 45,8; Alto de Pinheiros – 45,0 e Pinheiros, com 39,8. Nesse último, que é um dos bairros privilegiados de nossa pesquisa, a renda familiar está bem acima da média, como pudemos conferir na primeira parte deste trabalho, no quadro que trata da renda familiar no mês, em salários mínimos.

Vemos, portanto, que, se por um lado os bairros centrais como Pinheiros e os demais supracitados, onde estão os empregadores católicos, concentram as maiores rendas domiciliares, por outro, os bairros periféricos, onde estão os afro-descendentes, de tendência evangélica pentecostal, agrupam os de renda mais baixa da cidade. Dentre estes bairros, Marsilac está em último lugar, com renda de, aproximadamente, 3,7 salários mínimos por família, seguido de Lajeado, com 5,3, Iguatemi – 5,5, Cidade Tiradentes – 5,5 e Jardim Helena, com 5,6 salários mínimos por domicílio. Entre a camada central e a periférica há uma sequência de outras camadas que oscilam entre as duas características principais, sendo que boa parte destas estão em pleno processo de expansão mais para as periferias do que para o centro, o que confirma aquilo que historiadores da metrópole e urbanistas, como Raquel Rolnik, vêm mostrando há muitas décadas.

Segundo levantamento histórico, a gênese da exclusão territorial, a partir da religião e da renda, se deu com a ocupação da área que hoje é o centro velho da capital paulista, que nasceu em torno de um eixo religioso formado pelos Jesuítas (1554), com a fundação do colégio que deu origem ao povoado, que se desenvolveu a partir de um triângulo católico formado pelos conventos do Carmo, São Bento e São Francisco e que se manteve, por aproximadamente quatrocentos anos, quase completamente católico (Rolnik, 2003, p. 14). Só em 1910 é que se tem notícia da criação, nesta região (Brás), da primeira igreja pentecostal brasileira, mas já no final do século XIX, começava a figurar a nova geografia territorial e religiosa de São Paulo, com a criação de áreas específicas para as camadas sociais mais elevadas, comumente católicas (Dias, 2003, p. 2), e o afastamento dos evangélicos pentecostais para as periferias. Portanto, a geografia, que visualizamos nos mapas, começou a ser desenhada no final do século XIX. Foi nesse período que começaram a surgir as primeiras áreas exclusivas para as camadas mais abastadas, como Campos Elíseos, Higienópolis e a Avenida Paulista. Segundo Rolnik (2003, p. 19), esse processo de segmentação chega ao século XX com os loteamentos da Companhia City, que coloca os nobres nos bairros do Pacaembu e Jardins, configurando, assim, "uma centralidade da elite da cidade, num espaço que historicamente concentra valores imobiliários altos, o comércio mais elegante, as mansões e apartamentos mais opulentos, o consumo cultural da moda e a maior concentração de investidores públicos" (Rolnik, 2003, p. 19). Portanto, o eixo centro-sudoeste, mais bem servido de infraestrutura de serviços públicos, é tradicionalmente habitado pelas camadas mais ricas.

O processo de exclusão se acentuou a partir dos anos trinta, com a difusão do ônibus como meio de transporte, motivando as populações mais pobres, que pagavam aluguel nos bairros mais próximos do centro, a estabelecerem moradias próprias na periferia, movimento que, segundo pesquisa do Datafolha (2004, p. 2), se caracterizou por loteamentos irregulares e autoconstruções desordenadas. Segundo Raquel Rolnik, os anos trinta, "do ponto de vista da política urbana, com o surgimento dos primeiros ônibus urbanos e a pressão por novas oportunidades de moradia acabam por entornar o caldo do urbanismo da Primeira República [...] da emergência da expansão periférica como estratégia de acomodação dos assentamentos populares" (Rolnik, 2003, p. 29). Esse processo, segundo Rolnik, resultou no "espraiamento progressivo e diminuição da densidade da cidade" (Rolnik, 2003, p. 42), que hoje se conforma nas imagens que vemos nos mapas aqui inseridos, com poucos ganhando muito e muitos ganhando tão pouco. A década de noventa, segundo Rolnik, foi a que mais acentuou o processo de empobrecimento da população da capital paulista. Apurou ela que "em 1990, 10% da população total da cidade estava empregada formalmente na indústria; em 1995, esse número já havia caído pela metade" (Rolnik, 2003, p. 62). Segundo dados de pesquisas sobre emprego e desemprego feitas pelo Seade e Dieese em 2006, constatou-se que o desemprego em São Paulo, naquele ano, apresentou sua menor taxa desde 1997, ficando em 15,8% (em 2005 era de 16,9). De acordo com esta mesma pesquisa, o rendimento médio real dos ocupados cresceu 1,3% em 2006. Em relação aos assalariados, o rendimento médio manteve-se estável.[2]

Portanto, a população que ganha pouco ou não ganha está socialmente vulnerável. A vulnerabilidade social é fator que pode

---

[2] Cf. Fundação Seade e Dieese. PED (Pesquisa de Emprego e Desemprego). Região Metropolitana de São Paulo. Divulgação n. 264, novembro de 2006.

contribuir para as mais diversificadas transições, desde o trânsito religioso às migrações territoriais para outras áreas ainda mais empobrecidas, como também para o aumento da taxa de violência, como veremos mais adiante. Assim, de modo sequencial, veremos, a seguir, a classificação das áreas de São Paulo, de acordo com a privação social, entendidas como áreas de vulnerabilidade social.

3.6. Privação Social: classificação das áreas de acordo com a vulnerabilidade social

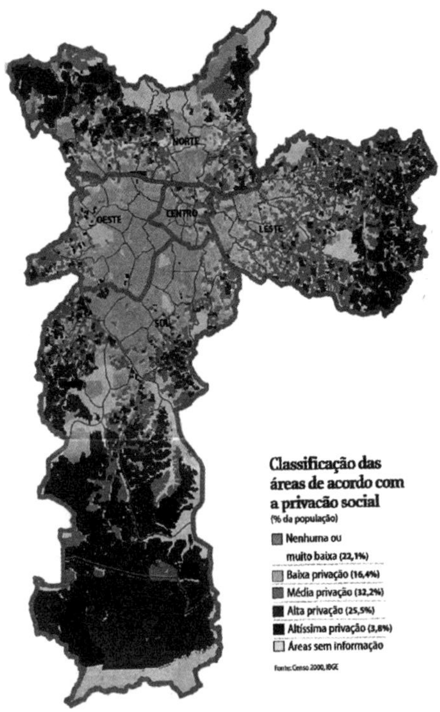

Fonte: Censo 2000, IBGE. In: *Folha de S.Paulo*, segunda-feira, 9 de fevereiro de 2004. Caderno Especial 3, Mapas – Retrato Social, SP 450 anos.

Se a distribuição das famílias de acordo com a renda (e os demais fatores supracitados) serve para demonstrar como se deu a ocupação do território da capital paulista, a classificação destas áreas de acordo com a vulnerabilidade social serve como importante indicador para o entendimento da exclusão social.

Por vulnerabilidade social entendemos a qualidade ou estado daquele indivíduo, grupo ou mesmo área geográfica que é ou se encontra vulnerável, isto é, que é ou pode ser afetado ou atingido por algo que lhe provoque dano ou ainda que esteja sujeito a ser prejudicado por alguma situação, como ocorre com as zonas periféricas de São Paulo ou de qualquer outra metrópole que sofre a ação não apenas das intempéries, mas também das alterações sociais e econômicas do município ou mesmo do país. Os dados que vimos nos mapas sobre renda domiciliar e, agora, sobre privação social ajudam a entender os processos que produzem a vulnerabilidade social e econômica por que passam os habitantes de áreas como Marsilac, com um índice de 85% de privação social, e Parelheiros, com 77%. Ambas na zona Sul da capital.

Como nos demais, o mapa acima demonstra que o centro de São Paulo e bairros limítrofes concentram um índice quase zero de privação social da população, ou seja, os 22,1% dos que ocupam estas áreas não têm nenhuma ou quase nenhuma privação social. Dentre eles, o bairro de Pinheiros, base de nossa pesquisa. Como era de se esperar, ocorre o contrário nas regiões periféricas, pois a maior parte delas aponta entre alta (25,5%) e média (32,2%) privação social. As partes mais escuras do mapa, que correspondem à periferia da periferia (regiões de Marsilac e Parelheiros), condensam os que vivem com altíssima privação social (3,8%). Desse modo, o que se constata é que, quanto mais distante do centro, maior é o índice de vulnerabilidade social. Segundo os dados do CEM (Centro de Estudos da Metrópole) expressos no mapa, é possível identificar áreas com até três milhões de paulistanos (29,3% da população) vivendo em condição de alta privação social. Segundo os resultados dessa mesma pesquisa, 400 mil pessoas moram em áreas classificadas como de altíssima vulnerabilidade. Um outro dado importante nesse mapeamento da exclusão social é que "as áreas de pior qualidade de vida são justamente as que apresentam as maiores concentrações de crianças, adolescentes e mulheres chefes de domicílio com renda e escolaridade baixa" (CEM, 2004). Segundo esses resultados, se por um lado há extrema privação social, por outro há bairros como Consolação e Jardim Paulista, com índice de privação social zero. Veremos mais adiante que as disparidades sociais não param por aí.

A análise que acaba de ser feita mostra que o conceito de vulnerabilidade social, em seu sentido econômico e sociológico, não é ainda suficiente para apreender a conjuntura dos habitantes das zonas mais pobres da metrópole paulista a ponto de poder inferir dados que confirmem o poder simbólico que a religião exerce entre esta população mais pobre, necessitando-se, assim, da abordagem de outros fatores, como migração, escolaridade e violência, que vêm completar a cartografia da exclusão e inclusão social e elucidar as causas da adesão religiosa, conforme apontou o atlas. Passemos, agora, a um breve exame do elemento migração para descobrir o que ele representa no quadro da configuração social e religiosa da metrópole. Comecemos, portanto, com a visualização do mapa dos migrantes nordestinos em São Paulo.

3.7. Migração: mapa das áreas de maior concentração de nordestinos

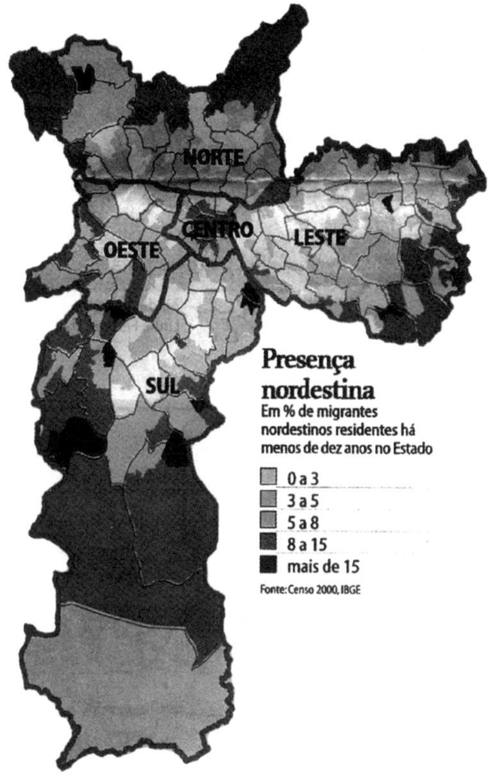

Fonte: Censo 2000, IBGE. In: *Folha de S.Paulo*, segunda-feira, 9 de fevereiro de 2004. Caderno Especial 3, Mapas – Retrato Social, SP 450 anos.

É consenso entre os pesquisadores do fenômeno da migração na metrópole o fato de que as periferias das grandes, médias ou mesmo das cidades de pequeno porte são povoadas, em grande parte, por migrantes. Portanto, esse dado não é nenhuma novidade, principalmente quando se trata de uma realidade como São Paulo, ou mesmo Osasco, devido a suas extensões territoriais e às maiores oportunidades que as metrópoles oferecem. Sabemos, também, que as causas da migração não são poucas, embora algumas delas sejam mais evidentes, como as que já foram apontadas anteriormente, nos indicadores sociais dos mapas analisados. O que não está de todo esclarecido é a estreita relação entre migração e adesão religiosa, principalmente quando essa adesão tem suas particularidades que escondem uma gama de situações que ainda não foram tratadas com a devida atenção.

Dentre os tantos pontos a serem elucidados na compreensão do fenômeno da migração, o que mais nos interessa é a relação entre migração e religião. O segundo é o fato de os migrantes de metrópoles, como as supracitadas, serem, em sua maioria, oriundos da região Nordeste do Brasil. E o terceiro, que também merece reflexão, é o fato de eles, ao migrarem para a periferia, aderirem a religiões de cunho evangélico pentecostal, como já foi possível demonstrar. Que conclusões se podem extrair de tudo isso quando se lida com uma realidade que apresenta esse perfil? Qual contribuição esse dado oferece no entendimento da dialética da exclusão e inclusão na região metropolitana de São Paulo? Sabemos, no entanto, que é esse o retrato que encontramos, tanto na periferia de São Paulo quanto em Osasco, onde centramos a outra parte de nossa pesquisa. Esses dados escondem uma realidade social que precisa ser desvelada. O que pretendemos aqui não é dar respostas a estas situações, mas apontá-las para que outros pesquisadores possam tratá-las em suas particularidades.

Desse modo, ao dirigir nosso olhar para o mapa acima, vemos, em primeiro plano, que a cartografia desenha a pouca presença de migrantes nordestinos nas regiões mais ricas – onde se concentram as camadas média e alta, como Moema, Morumbi, Jardim Paulista e Alto de Pinheiros – e a grande concentração destes nas áreas das periferias – como Vila Andrade, parte do Jardim Ângela e Grajaú – e ainda outras concentrações menores como São Mateus, Cidade Tiradentes e Perus. Um dado interessante que o mapa apontou é a presença destes no coração de São Paulo, a região da Sé. Segundo dados do IBGE e do CEM, a Sé registra 13,6% de migrantes nordestinos. Esse foi um dado que nos levou a campo em busca de descobrir as causas dessa significativa presença no centro, já que ela foge ao perfil geral da metrópole no quesito áreas de concentração de migrantes nordestinos, e as respostas que encontramos, ao abordar estes moradores nordestinos do centro, confirmaram o que outros pesquisadores do tema já apontaram.

A primeira causa está ligada ao êxodo da camada média tradicional da população que começou a se acentuar, a partir da década de 70 (Rolnik, 2003, p. 45), migrando para as áreas exclusivas das camadas mais abastadas, deixando vagos, no centro velho da cidade, espaços que viriam a ser ocupados de forma irregular pelo MTST (Movimento dos Trabalhadores sem Teto), que se apossa de prédios abandonados na região central, e por migrantes de baixa renda. A segunda é o fato de que o Terminal Rodoviário do Tietê é um meio que contribui para a chegada não apenas à cidade, mas ao centro da mesma. As linhas do metrô que interligam o terminal com o centro facilitam tal deslocamento e, devido a isso, muitos ficam na Sé, em albergues para migrantes ou residência de parentes ou conhecidos, nas condições supracitadas. Saem dali somente quando encontram moradia na periferia. Um dos dados que contribuem para a permanência de migrantes nordestinos na região central é o campo de trabalho. Eles acabam transformando-se em vendedores ambulantes ou aderem às inúmeras atividades informais que a região central oferece, como *homens-placa, distribuidores de propagandas* de consultórios médicos e dentários, *vendedores de ouro* e tantas outras atividades do gênero. Quando se deslocam para a periferia, como já foi citado, vão viver, na verdade, em espaços precários que os deixam mais vulneráveis ainda.

Dentre tantos fatores que contribuem para a marginalização social dos migrantes nordestinos, como renda, privação social e a própria migração, está o dado da baixa escolaridade. Quem migra constantemente tem dificuldade de estudar e, sem preparação, fica-se alijado do concorrente mercado de trabalho, tornando-se, portanto, exposto a outros tipos de marginalidade. É isso que vamos ver, a seguir, através do mapa da escolaridade. Lembramos que esse dado também influi na hora da escolha da religião a que o migrante vai aderir em seu novo território.

3.8 Escolaridade: mapa dos anos de estudo do chefe de domicílio

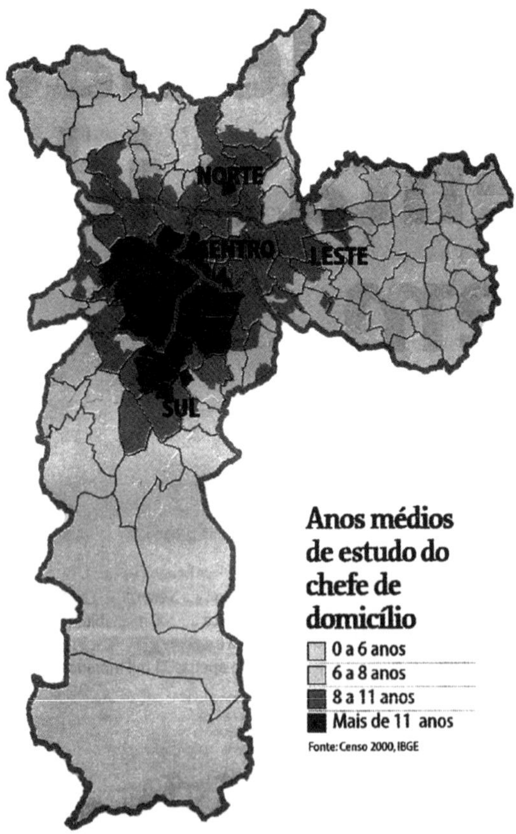

Fonte: Censo 2000, IBGE. In: Folha de S. Paulo, segunda-feira, 9 de fevereiro de 2004. Caderno Especial 2, Mapas – Retrato Social, SP 450 anos.

Dando continuidade à observação dos fenômenos tratados nos mapas, pretendemos agora contribuir para a compreensão da dialética da exclusão e inclusão a partir do quesito escolaridade e suas correlações com os outros fatores, principalmente o da religião. Vimos, com base nesta amostragem cartográfica que representa um universo de cerca de 10,4 milhões de habitantes, o avanço dos mais pobres em direção à periferia, ampliando, de maneira acelerada, a concentração das áreas de exclusão social nas margens da metrópole. Desse modo, buscamos com a análise da escolaridade, correlacionada com outros fatores, como cor da pele, renda, privação social e migração, enfatizar os múltiplos aspectos da exclusão e apresentar suas implicações para facilitar, a quem é de direito, a viabilização de políticas públicas e projetos sociais que venham contribuir para o processo inverso, ou seja, o de inclusão.

Portanto, o mapa da exclusão e suas correlações não param por aí. Acrescentamos o fator da escolaridade porque ele representa um dispositivo importante no processo, seja para a inclusão ou para a exclusão. Dessa maneira, os bairros, distritos ou regiões metropolitanas que concentram os maiores índices de brancos e católicos são também os que acumulam pessoas com os níveis mais altos de escolaridade. Por outro lado, nas regiões periféricas, conforme o mapa acima, à medida que se afasta do centro, decresce o nível de escolaridade de seus moradores, principalmente entre os pretos, pardos e evangélicos. Os anos médios de estudo dos chefes de domicílio retratados no mapa acima, segundo dados do IBGE (2000), mostram que nas regiões centrais há uma média de 8 a 11 anos de estudo ou mais, por chefe de domicílio, contra 0 a 6 das regiões periféricas. Nas regiões das camadas média e alta, o nível de escolaridade fica em torno de 13,4% (13,3% no Jardim Paulista e 13,4% em Moema), enquanto que nas periféricas, o nível cai para 4,6% (Marsilac) e 5,1% (Parelheiros), conforme dados apontados acima. No setor de nossa pesquisa, Pinheiros, o nível de escolaridade, segundo dados do Datafolha (2004, 2), chega a 23% com ensino fundamental, enquanto que a média em São Paulo é de 49%. O percetual dos que têm o ensino médio sobe para 43%, sendo que a média na cidade é de 39%. Já os de ensino superior estão na faixa de 35% em Pinheiros, e a média na cidade é de 12%. Desses, apenas 8% do bairro de Pinheiros estudam em escola pública, enquanto a média na cidade é de 13%. Esse quadro se inverte quando se trata de escola particular. Em Pinheiros, 14% estudam em escolas particulares, e a média na cidade é de apenas 6%. No entanto, esses dados mostram que a escolaridade está fortemente relacionada com a renda. O mapa dos anos de estudo do chefe de domicílio é semelhante ao mapa da renda familiar mensal média. Nas faixas de renda mais alta, constata-se maior nível de escolaridade.

À vista disso, o que se pode averiguar é que a escolaridade está fortemente relacionada com outras causas, formando, assim, uma teia de fatores interdependentes que influenciam diretamente no comportamento social. Há, com isso, maior probabilidade de quem tem baixo nível de instrução envolver-se em situações que comprometem a harmonia da convivência social, despertando, muitas vezes, a intolerância desencadeadora da violência, que, por sua vez, influencia a taxa de homicídio. É disso que vai tratar o mapa seguinte ao expor as vítimas de homicídio entre os jovens de 15 e 24 anos em São Paulo.

3.9. Violência: local de residência das vítimas de homicídio

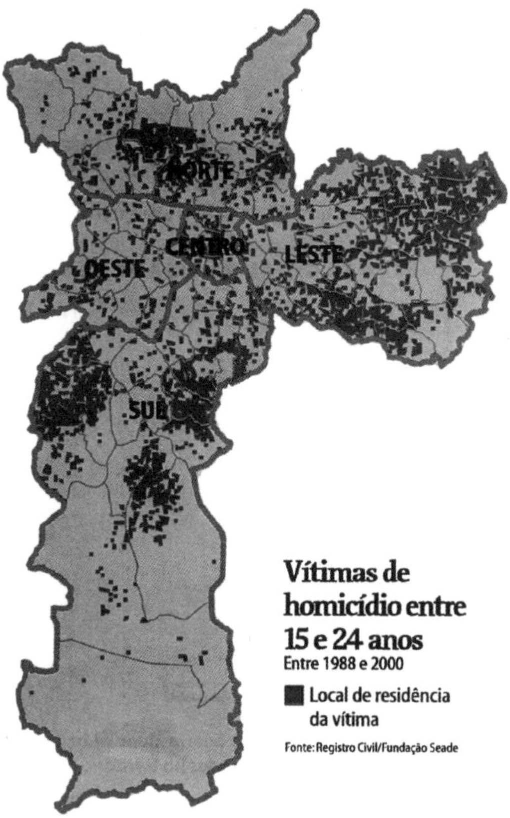

Fonte: Registro Civil/Fundação Seade, 1988/2000. In: *Folha de S.Paulo*, Segunda-feira, 9 de fevereiro de 2004. Caderno Especial 3, Mapas – Retrato Social, SP 450 anos.

Como se já não fosse bastante pensar as causas da acentuada migração de nordestinos para as áreas periféricas, um outro dado que acompanha tal situação de vulnerabilidade domiciliar é a violência. A exclusão social e a violência são dois fatores que estão entrelaçados, sendo que um pode ser consequência do outro. Foi isso que apontou o mapa sobre a taxa de homicídios nas regiões onde se concentram os mais pobres. As áreas periféricas agrupam o maior índice de violência da capital, como podemos conferir acima. Violência que, segundo o registro civil da Fundação Seade (2004), manifesta-se de várias maneiras no espaço urbano e com intensidades diversas. Mostram os resultados da pesquisa que o homicídio se concentra entre a população mais jovem, revelando a face mais cruel desse fenômeno, dado que eles são as maiores vítimas das consequências da exclusão social. Foi constatado que grande parte das vítimas de homicídio nestas regiões estão na faixa etária entre os 15 e 24 anos e são, em sua grande maioria, habitantes das periferias Sul, Leste e Norte. Um dos fatores apontados nas conclusões da pesquisa do Seade é a falta de oportunidade de estudo, trabalho e lazer, o que possibilita a fomentação da violência nestas áreas de maior concentração da população, conforme podemos constatar no mapa.

As disparidades conjunturais, incluindo os fatores sociais já apontados, demonstram, assim, que os principais focos de violência estão nas regiões mais pobres. Uma conjuntura em que prevalece a não-acessibilidade da maioria da população aos bens e serviços produzidos socialmente, além de uma educação deficitária que impossibilita uma formação intelectual adequada para competir no mercado de trabalho, desqualificando as pessoas e contribuindo para fomentar a violência. O intenso aglomerado de pessoas num mesmo espaço, com pouca ou nenhuma infraestrutura, além de acirrar as desigualdades, facilita os afrontamentos e o desejo de vingança que se materializa sob a forma de violência, seja como roubo, assalto, agressões ou homicídios. Destacam-se com maiores índices de violência os bairros de Jardim Ângela (com 305 vítimas), Cidade Ademar (com número de 301 vítimas) e a região Brasilândia (com 253 vítimas de homicídio) (cf. Fundação Seade, 1988 e 2000).

É nessa conjuntura ou contexto que se constatam o avanço das religiões evangélicas pentecostais e o encolhimento do número de católicos na periferia. Entre estes dois extremos, católicos de um lado e evangélicos pentecostais de outro, temos uma gama de outras denominações e segmentos religiosos que fazem da metrópole de São Paulo um campo de grande diversidade religiosa, conforme indica o mapa seguinte, onde aparecem algumas dessas variantes. A resposta para as indagações que foram surgindo no decorrer da exposição deste quadro, que serve tanto para os pobres pentecostais da periferia como para os ricos católicos do centro, encontramos numa abordagem funcionalista da religião. Na periferia, a religião é tida como um elemento que, além de possibilitar a ascensão social, pode conter a violência. Nesse caso, as religiões evangélicas pentecostais saem à frente da Religião Católica porque, além de um proselitismo mais intenso, oferecem facilidades a perder de vista na aquisição de bens simbólicos de salvação, tudo isso de forma muito acessível, diferentemente da Igreja Católica, que segue a mesma dinâmica, com as mesmas normas, em toda parte, o que dificulta o seguimento correto daqueles que não têm condições de estar em dia com os sacramentos.

Por conseguinte, a adesão do fiel a uma denominação religiosa, como as neopentecostais, é muito mais facilitada. Além disso, elas prometem, por meio da teologia da prosperidade e da conversão do fiel, mudanças radicais em sua vida, como superação da pobreza, da doença e das desilusões amorosas. A crença nesses valores ajuda a desfocar a atenção das agruras da vida, o que contribui para amortecer o sofrimento e colocar, assim, um freio na violência. Desse modo, a religião desempenha uma função importante, que é a de integração do excluído na ordem social e de salvação. Por outro lado, nas regiões mais nobres, de acordo com Max Weber (1963, p. 107), "atribuem à religião a função fundamental de legitimar seu padrão de vida e sua situação no mundo". As camadas desprivilegiadas, ao contrário, mostram uma tendência para desenvolver e aceitar a religião como a única alternativa de inclusão social e transcendental, isto é, de salvação, e o pentecostalismo cumpre muito bem essa função. Weber afirma que, "como toda necessidade de salvação é uma expressão de certo sofrimento, a opressão social e econômica é uma fonte eficiente de crenças de salvação, embora de forma alguma seja a única fonte" (Weber, 1963, p. 107). A realidade de sofrimento por que passam os pobres da periferia, expostos a tudo o que foi apontado anteriormente, justifica a busca da salvação imediata prometida pelas religiões neopentecostais que conseguem, por meio de inflamados discursos, aproximar, em questão de minutos, o céu do inferno.

De acordo com Weber, sabemos que a religião, como consequência da necessidade econômica, não é a única fonte de salvação, ou melhor, de inclusão, mas reconhecemos sua importância neste processo. Acredita-se que ela tem influência decisiva no comportamento social, e este, por sua vez, pode alterar os quadros que vimos anteriormente nos mapas. Vista desta forma, a religião configura-se como uma espécie de utopia, e é desse modo que Karl Mannheim mostrou como, a partir de perspectivas de estratos oprimidos e de seus desejos de libertação, as utopias surgem nas mentes dos homens (Mannheim, 1962, p. 190). Portanto, o aumento no número de adeptos, na periferia, às religiões pentecostais, surge como uma utopia de salvação frente à realidade de miséria e opressão. Para melhor elucidar o que estamos tratando, colocamos a seguir um quadro fragmentado das religiões na metrópole, em que é possível visualizar com precisão onde estão as principais denominações religiosas da capital e quantos são, em porcentagem de adeptos, seus fiéis. Com isso, pode-se tirar conclusões quanto à função que cada uma, em suas particularidades e localizações geográficas de maior expressão, cumpre.

Se no início da reflexão sobre a cartografia das religiões em São Paulo inserimos um mapa em que as religiões apareciam compactadas em sua distribuição, com destaque para a Religião Católica, agora vamos inserir este mesmo mapa, só que de forma fragmentada ou dividida entre as quatro principais denominações com maior representatividade no campo religioso da metrópole, que Cândido Procópio Ferreira de Camargo (*et al*, 1973), em uma clássica obra sobre Sociologia da Religião no Brasil, denominou de *Católicos, Protestantes, Espíritas*. Destacaremos junto com essas quatro denominações (católicos, evangélicos pentecostais, evangélicos tradicionais e espíritas) os *sem-religião*, conforme podemos visualizar no mapa abaixo.

3.10. Religiões: mapa fragmentado da distribuição das religiões

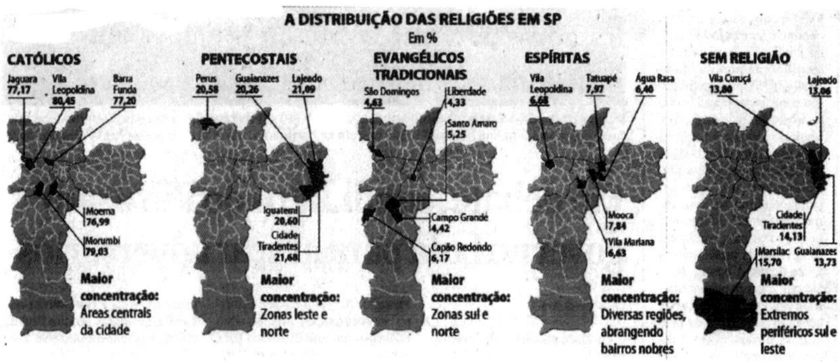

Fonte: Censo 2000, IBGE, Cepid/Fapesp/CEM-Cebrap. In: *Folha de S.Paulo*, Segunda-feira, 19 de julho de 2004. Caderno Brasil, p. A 6.

Como podemos observar na panorâmica dos mapas por distribuição das religiões em São Paulo, existe correlação entre a localização geográfica e a religião. Este gradiente do campo religioso em São Paulo confirma o que Cândido Procópio Ferreira de Camargo detectou no Brasil há mais de trinta anos, ao assinalar para "a tendência geral para o declínio moderado, mas constante, de adeptos da Igreja Católica" (Camargo, 1973, p. 24) e, consequentemente, do avanço do pentecostalismo. Nessa época, já se acenava não somente para esse aspecto da transição do quadro religioso, como também para o crescimento dos chamados "sem-religião". Esse aspecto aparece agora no mapa acima com significativa representatividade, confirmando, assim, o que Camargo já previa. A explicação dada por ele ainda hoje ajuda a explicar a realidade. Dizia Camargo: "os protestantes, liderados pelas seitas pentecostais, o gradiente Espiritismo-Umbanda e os que declaram 'sem religião' são os beneficiários desse processo de transição religiosa" (Camargo, 1973, p 24).

Seguindo o método de pesquisa sugerido por Camargo, enfocamos a análise do fenômeno religioso na capital paulista e, com isso, além de perceber sua influência social, percebemos que a distribuição percentual da filiação religiosa de católicos, pentecostais, evangélicos tradicionais, espíritas e "sem-religião" varia de acordo com a região e indicadores sociais de pobreza das mesmas, confirmando, assim, o que tratamos desde o início desta reflexão: religião tem a ver com inclusão e exclusão social. Há também dados novos que apareceram no conjunto dos mapas, como, por exemplo, na mesma área de predominância católica (a região central) estão presentes, só que em número bem menor, os evangélicos tradicionais (cf. bairro da Liberdade, com 4,33%) e os espíritas (cf. bairro da Mooca, com 7,84%). Um outro dado é que os "sem-religião" estão mais nas periferias, isto é, nas extremas periferias, e não no centro, como muitos imaginam. Como podemos ver, o bairro de Lajeado aparece com 13,06%; Vila Curuçá, com 13,8%; Cidade Tiradentes, com 14,13%; Guaianazes, com 13,73% e Marsilac, a mais extrema de todas e a mais pobre também, com um dos índices mais altos dos que se declaram sem religião, ou seja, com 15,7%. Esses dados ajudam a entender o avanço das religiões evangélicas pentecostais nestas áreas, porque boa parte dos que se dizem "sem-religião" corresponde àqueles que estão numa fase de transição religiosa, tornando-se, assim, vulneráveis à conversão ao pentecostalismo. Portanto, concluímos, com estes dados e com os que já foram apresentados, que a distribuição das religiões em São Paulo é influenciada pelos fenômenos de migração e dos diversos graus de urbanização que, ligados a diversos fatores já apontados, ocasionam a distribuição diferencial das religiões na metrópole.

Como este livros versa sobre o poder simbólico da Religião Católica, colocaremos, a seguir, alguns quadros cujo objetivo não é repetir dados já elucidados nas análises dos mapas acima, mas condensar as informações anteriormente apontadas, para podermos melhor visualizar o tema tratado. A primeira tabela mostra os dez bairros paulistanos com maior porcentagem de católicos, e o segundo, os que apresentam a menor porcentagem. Estes dados foram extraídos do primeiro mapa da distribuição das religiões em São Paulo.

Tabela 27

Os dez bairros paulistanos com maior porcentagem de católicos

	Bairro / Distrito	%
1	Vila Leopoldina	80,45%
2	Morumbi	79,03%
3	Barra Funda	77,20%
4	Jaguará	77,17%
5	Moema	76,99%
6	Mooca	76,75%
7	Pari	76,54%
8	**Alto de Pinheiros**	**76,50%**
9	Vila Guilherme	76,41%
10	Ipiranga	75,49%

Fonte: Tabela elaborada com informações do Cepid – Fapesp / CEM – Cebrap, com base nos dados fornecidos pelo IBGE, do Censo 2000 (amostra). Organizado por PEREIRA, José Carlos.

Tabela 28

Os dez bairros paulistanos com menor porcentagem de católicos

	Bairro / Distrito	%
1	Cidade Tiradentes	55,57%
2	Guaianazes	57,19%
3	Vila Curuçá	58,45%
4	Lajeado	58,76%
5	São Mateus	69,59%
6	Vila Jacuí	61,48%
7	José Bonifácio	61,52%
8	Itaim Paulista	62,19%
9	São Miguel	62,49%
10	Itaquera	62,67%

Fonte: Tabela elaborada com informações do Cepid – Fapesp / CEM – Cebrap, com base nos dados fornecidos pelo IBGE, do Censo 2000 (amostra). Organizado por PEREIRA, José Carlos.

Uma das tantas questões apontadas por estas tabelas e mapas merece nossa atenção: Quais os principais fatores que facilitam a ruptura com o catolicismo e impulsionam, com isso, a migração ou o trânsito religioso destes católicos pobres para as religiões evangélicas pentecostais? Esses dados poderão ajudar nas respostas que, mais adiante, vamos buscar. Eles também contribuem para a compreensão da dinâmica da exclusão e inclusão religiosa que permeia o catolicismo tradicional urbano.

Para completar aquilo que os mapas indicaram, colocaremos, a seguir, um quadro comparativo das religiões no município de São Paulo, em números absolutos, onde se pode visualizar, com maior precisão, como estão distribuídas, por habitantes, as religiões desta metrópole.

Quadro comparativo das Religiões no município de São Paulo, em números absolutos.			
Católicos	7.108.017	**Pentecostais**	
		Assembleia de Deus	393.098
Evangélicos Pentecostais	1.255.116	Congregação Cristã	273.764
		Universal do Reino de Deus	198.852
		Deus é Amor	59.971
		Evangelho Quadrangular	39.024
Evangélicos Tradicionais	293.832	**Protestantes Históricos**	
		Presbiteriana do Brasil	3.455
		Luterana	10.588
		Metodista	15.288
		Batista (Convenção B. Brasileira).	137.361
Espíritas Kardecistas	286.856	**Outras Religiões**	
		Judaísmo	37.500
Afro-Brasileiros	48.505	Testemunha de Jeová	93.752
		Budismo	66.375
Sem Religião	936.474	Islamismo	6.926
Outras	506.746		

Fonte: Censo IBGE 1991 e 2000. Quadro elaborado pelo Cepid – Fapesp / CEM – Cebrap e Microdados da Amostra Censo IBGE 2000

Podemos, enfim, com esses dados do IBGE, certificar-nos de que o catolicismo continua sendo a religião da grande maioria dos paulistanos (7.108.017 dos habitantes católicos contra 3.327.53 de todas as demais religiões, incluindo os 936.474 que se declararam sem-religião), o que, sem dúvida, autoriza uma pesquisa no âmbito do poder simbólico da Religião Católica no processo de inclusão e exclusão social. Abordaremos, no próximo passo, um tema nevrálgico à sociologia da religião no que concerne ao poder da Igreja Católica: as assimetrias entre homens e mulheres nos espaços e na estrutura eclesial.

4. Igreja católica e a assimetria de direitos entre homens e mulheres

As desigualdades de direitos e deveres entre homens e mulheres na Igreja Católica são, na verdade, parte da latente segregação na sociedade em suas diversas facetas. Desse modo, a participação desigual nas atividades religiosas é uma forma de exclusão que delimita espaços entre os grupos sociais e religiosos, diferenciado-os a partir de atributos particulares ou de sexo, como já tivemos oportunidade de apontar anteriormente, resultado das relações de poder. As assimetrias nas funções e no tratamento pessoal nos interstícios da Igreja Católica nem sempre são manifestas, mas quando se trata da questão do poder da mulher, a atitude da Igreja exibe um tipo de *apartheid* de gênero, a começar pelas funções que elas têm permissão para desempenhar no templo e na ocupação dos espaços dentro do mesmo. Reginaldo Prandi recorda que "até bem pouco tempo, a disposição dos fiéis na nave, durante as cerimônias, não era aleatória, mas reproduzia a própria estrutura de classes" (Prandi, 1996, p. 267). Afirma ainda que "basta olhar para os espaços fisicamente organizados nos templos barrocos do Brasil colonial" (Prandi, 1996, p. 267) para se constatarem tais segregações. As igrejas eram construídas com divisórias que reproduziam os estratos sociais de seus fiéis. Lembra também que as divisões não ficavam apenas no interior dos templos, "nas procissões então cada batalhão reproduzia segmentos bem diferenciados da sociedade, com seus privilégios e deveres. Durante séculos, a igreja separou o que a sociedade separava: homens de um lado, mulheres de outro" (Prandi, 1996, p. 267). Podemos observar esta separação da qual nos fala Prandi nas réplicas de templos que colocamos no primeiro capítulo deste livro. Apesar de serem templos construídos no século XX, reproduzem, no espaço, as segmentações típicas das construções do período colonial. Hoje, nos dois templos supracitados, homens e mulheres não ficam mais separados nos assentos, mas continuam separados quando se trata de decisões estruturais.

Assim sendo, a Igreja Católica tornou-se uma espécie de *espelho* da sociedade, e uma das desigualdades mais visíveis em seu interior é o tratamento diferenciado dado a homens e mulheres e que perdura até os dias atuais, sendo que é no âmbito do gerenciamento de bens simbólicos e decisões que essa realidade vem à tona com mais clareza. A igreja católica pouco ou nunca conferiu às mulheres cargos de direção ou decisão. De acordo com Rosado Nunes, "somente homens celibatários – padres, bispos, cardeais – têm assento nos lugares onde se elabora a estratégia de atuação e se decidem os destinos da instituição" (Nunes, 2001, p. 505). Para a maioria das mulheres, a Igreja tem atribuído apenas o ofício que elas ocupam em casa: limpar, ornamentar, cuidar, mas não decidir ou opinar. Essas ações são legitimadas a partir da concepção de um Deus homem à imagem e semelhança masculina, isto é, uma divindade que corresponde ao seu duplo. Portanto, as representações masculinas de Deus do imaginário católico ajudaram a conferir às mulheres um lugar inferior em relação ao homem. A Igreja, através de seu poder simbólico, moldou tais representações sobre um Deus Pai à imagem e semelhança do varão, configurando, assim, o papel da mulher na Igreja como mera reprodução dos papéis que ela desempenha no lar. Argumentos bíblicos é que não faltam, como podemos conferir neste trecho da Epístola de Paulo aos Coríntios. "Quero que saibais o seguinte: a cabeça de todo homem é Cristo, mas a cabeça da mulher é o homem" (1Cor 11,3). E mais adiante: "Mulheres, sejam submissas aos seus maridos como ao Senhor. Pois o marido é a cabeça da mulher, como Cristo também é a cabeça da Igreja, seu Corpo, do qual ele é o Salvador. Por outro lado, como a Igreja se submete a Cristo, que as mulheres também se submetam, em tudo, a seus maridos" (Ef 5,22-24).

Os documentos da Igreja, de uma forma ou de outra, direta ou indiretamente, sempre reproduziram tais assimetrias, como, por exemplo, a encíclica *Rerum Novarum*, do Papa Leão XIII, considerada, pela época em que foi promulgada (1891), uma das mais revolucionárias, mas, no que toca à posição social da mulher, assume uma postura de legitimação das desigualdades, equiparando-a, em capacidade, a uma criança, como podemos conferir na parte que trata da questão social: "Enfim, o que um homem válido e na força da idade pode fazer, não será equitativo exigi-lo de uma mulher ou de uma criança" (Rerum Novarum, 60). Na sequência deste mesmo trecho, as discriminações aparecem no âmbito do trabalho e do papel que a mulher deve desempenhar, devido à *fragilidade do sexo*, confirmando o que apontamos acima: "Trabalhos há também que não se adaptam tanto à mulher, a qual a natureza destina, de preferência, aos arranjos domésticos, que, por outro lado, salvaguardam admiravelmente a honestidade do sexo" (*idem*). Segundo Heleieth Saffioti, a Igreja Católica, sempre que possível, "insiste em colocá-la ao lado das crianças e em confiná-la aos trabalhos domésticos" (Saffioti, 1979, p. 93). Essa insistência da qual nos fala Saffioti aparece em outros documentos mais recentes, como os que foram produzidos no século XX. A encíclica *Quadragesimo Anno*, de Pio XI, datada de 15 de maio de 1931, ao tratar do sustento da família e da contribuição para sua manutenção, confirma que "é uma iniquidade abusar da idade infantil ou da fraqueza feminina". Não descarta o trabalho da mulher, desde que ele seja doméstico: "As mães de família devem trabalhar em casa ou na vizinhança, dando-se aos cuidados domésticos" (Saffioti, 1973, p. 93). Em um dos documentos oficiais da Igreja, uma carta do Papa João Paulo II, dirigida às mulheres por ocasião da *IV Conferência Mundial sobre a Mulher* que aconteceu em Pequim, em setembro do ano de 1996, o

Papa dizia reconhecer os direitos da mulher e sua participação de forma igualitária na Igreja, mas na seção de agradecimentos, logo no início da carta, deixava transparecer que sua visão era legitimadora da mesma nos papéis extensivos do lar.

> [...] Obrigado a ti, mulher-mãe; mulher-esposa; mulher-filha e mulher-irmã. Obrigado a ti mulher-trabalhadora; mulher-consagrada, que, a exemplo da maior de todas as mulheres, a Mãe de Cristo, Verbo Encarnado, te abres com docilidade e fidelidade ao amor de Deus, ajudando a Igreja e a humanidade inteira a viver para com Deus uma resposta "esponsal", que exprime maravilhosamente a comunhão que ele quer estabelecer com a sua criatura (Papa João Paulo II, 1995, p. 7-8).

São agradecimentos que confirmam que o papel da mulher está bem definido na Igreja e que não vai mudar tão depressa. Que as decisões dos rumos da Instituição vão continuar nas mãos de alguns homens, foi, de fato, confirmado na escolha do novo pontífice, ocasião em que Ivone Gebara constatou: "Não havia mulheres. Sociedade de homens. Poder de homens. Folclore de homens. Tradição de homens. Religião de homens" (Gebara, 2005, p. 4). Tal tradição vem de tempos remotos, quando a mulher não podia nem tocar na Eucaristia: "Na Idade Média era proibido às mulheres tocarem no pão consagrado" (Pissarek-Hudelist, 1997, p. 41) e a subordinação e as desigualdades recebiam o apoio da Igreja, tornando, assim, uma prática factível com amparo legal. Isso serviu não apenas para a legitimação de tais disparidades como também para normatizar, na história da Igreja, as assimetrias entre homens e mulheres. Talvez por isso não seja tão simples a mudança total de tais concepções, que, por estarem, assim, arraigadas no imaginário, tornaram-se culturais. É o que confirma Ida Raming quando diz que "a concepção da posição subordinada da mulher já é um traço corrente do direito canônico clássico. O Decreto de Graciano contém várias determinações que proíbem à mulher, por exemplo, toda função no culto litúrgico dentro do espaço sagrado, a administração da comunhão aos enfermos, assim como ensinar e pregar em público" (Raming, 1997, p. 132). Tudo isso acaba por se refletir em práticas atuais, mesmo que muita coisa tenha mudado na relação da Igreja com as mulheres.

Ainda em âmbito histórico, no Código de Direito Canônico de 1917, "as mulheres e meninas estavam excluídas do serviço do altar" (Pissarek-Hudelist, 1997, p. 13). Segundo Herlinde Pissarek-Hudelist, essa menção explicitamente excludente só foi retirada na reformulação do novo código em 1983. Não obstante, continuam a existir nesta questão diferentes interpretações jurídicas baseadas nas declarações restritivas do direito litúrgico[3]. De acordo com Raming, "embora algumas determinações discriminatórias do CIC/1917 tenham sido canceladas no novo código, não foi atingida, no entanto, a plena igualdade de direitos da mulher com o leigo masculino" (Raming, 1997, p. 132). Na Igreja do Brasil, encontrávamos até bem pouco tempo (Concílio Vaticano II, 1965) as mulheres nos espaços sagrados como meras espectadoras, sem nenhuma participação efetiva. Na maioria das vezes, não lhe davam sequer a possibilidade de entendimento dos rituais. Esse não-entendimento gerava uma presença passiva representada no templo, através dos gestos silenciosos, como, por exemplo, mulheres de véu rezando o terço durante a missa celebrada em latim, separadas dos homens. Nessa época, tais comportamentos, embora tidos como normais, deixavam transparecer as assimetrias entre ambos, o que nos dias atuais acontece de forma bem mais velada e dissimulada nos trabalhos que as mulheres exercem na Igreja. Esse dado, aparentemente inofensivo, indica o abismo que as separam dos homens no que diz respeito aos

[3] Cf. Introdução Geral ao Missal Romano n. 70 e Instrução *Inaestimabile donum* da Congregação para os Sacramentos n. 18. In: Pissarek-Hudelist, 1997, p. 13.

direitos e deveres no campo religioso institucional. À vista disso, Ivone Gebara, ao escrever sobre o funeral do Papa João Paulo II, registra no referido cenário esta condição hierárquica desigual que continua em vigor na cúpula da Igreja ao afirmar que "algumas mulheres de véu preto acompanhavam silenciosas a seus maridos ou representavam seus governos. Quase não tinham lugar nem palavra. Esse é um velho costume na Igreja Católica [...]" (Gebara, 2005, p. 5). Assim sendo, dentro deste território masculino ocorrem subdivisões e estratificações que evidenciam e legitimam a segregação dos fiéis, a maioria mulher. Os espaços sagrados reais e imaginários ainda separam por gênero, cor da pele e estrato social. Cada espaço é construído de acordo com as categorias sociais de sua época e com suas respectivas distinções. Desse modo, o acesso a estes espaços é delimitado por gradações reais e simbólicas que apontam para uma religião de estrutura milenar, fracionada, que conserva em seus quadros, em todos os escalões, relações assimétricas entre homens e mulheres. Desse modo, as divisões e fragmentações nos espaços dos templos são, hoje, ressonâncias da concentração do poder hierárquico nas mãos de homens, ainda que as igrejas modernas sejam construídas com divisões mais subliminares que camuflam as dicotomias, divergências e assimetrias que ali ocorrem.

As mudanças neste cenário começaram a despontar após o Concílio Vaticano II (1965), quando a Igreja assumiu transformações significativas não apenas na arquitetura de seus novos templos, mas também na doutrina social, cujo conteúdo favorecia a diminuição das disparidades. Houve a reforma litúrgica, que, embora não erradicasse totalmente tais assimetrias, provocou transformações importantes nessa dimensão. A missa passou a ser celebrada em língua vernácula, e os leigos tiveram maior adesão e participação no espaço sagrado. Nesse ínterim, a mulher conquistou funções e postos, outrora a ela negados. A partir deste evento, a Igreja passou a ser mais ministerial, conferindo aos leigos o papel de ministros (da Palavra, da Eucaristia, do Batismo etc.). Mesmo com as inúmeras conquistas do laicato, as mulheres ainda estavam longe de desempenhar papéis que não fossem reprodução de atividades domésticas. Em muitas paróquias, elas levaram décadas para ser aceitas como ministras da Eucaristia, e há lugares em que elas ainda não são bem aceitas pela assembleia, ou mesmo pelo padre, no que concerne ao desempenho de funções que possibilitem tocar no sagrado, como a distribuição da Sagrada Comunhão. Por preconceito histórico e pelo resultado de uma interpretação fundamentalista das Sagradas Escrituras, elas foram subestimadas nas referidas funções. Um dos argumentos ainda usados é anacrônico, pois remonta ao Antigo Testamento, como é o caso da menstruação.[4] Dessa maneira, ainda persistem, por motivos como os citados em nota, só que de forma dissimulada, casos de discriminação da mulher referente ao contato com o sagrado.

Nas paróquias mais tradicionais, com muito custo se permitiu que os leigos exercessem o ministério extraordinário da Eucaristia. Mesmo recebendo tal permissão, é ainda comum presenciar reações de rejeição no exercício desta função. Tais rejeições partem, em muitos casos, das próprias mulheres. No decurso da pesquisa no setor Pinheiros, observamos diversas vezes que as pessoas evitavam comungar nas filas onde mulheres estavam distribuindo a comunhão. Não é raro presenciar durante a missa, no setor supracitado, as chamadas *Ministras Extraordinárias da*

[4] Segundo o livro do Levítico, "quando uma mulher engravida e dá à luz um menino, ficará impura durante sete dias, como nos dias da menstruação" (cf. Lv 12,2); "Se der à luz uma menina, ficará impura durante duas semanas, como na menstruação, e permanecerá em casa durante sessenta e seis dias, purificando-se do sangue" (cf. Lv 12,5); "A mulher que tiver o corrimento menstrual ficará durante sete dias na impureza das regras" (cf. Lv 15,19); "A mulher que sofrer prolongadamente hemorragias fora da menstruação, ou cujas regras se prolongarem além do costume, ficará impura enquanto durar a hemorragia, como no tempo da menstruação" (cf. Lv 15,25); "Se um homem dormir com uma mulher durante o período menstrual e tiver relações com ela, ambos serão eliminados da comunidade" (cf. Lv 20,18). In: Bíblia Sagrada, tradução da CNBB, 2ª ed., Loyola e outras Editoras, p. 118-128.

Eucaristia aguardando os fiéis se aproximarem, enquanto no local onde está o padre desempenhando a mesma função, é grande o número de pessoas. Para confirmar isso, registramos um dos casos ocorridos em uma das igrejas do setor Pinheiros em São Paulo, num domingo de manhã. Após a celebração da missa, uma senhora procurou o padre na sacristia e, com indignação, manifestou seu descontentamento por ver uma mulher distribuindo a comunhão.

> Onde já se viu deixar mulher tocar no *Corpo de Cristo* [...]. A Igreja está perdendo o respeito. [...]. Não recebo comunhão das mãos de uma mulher e ninguém deveria receber. Vai se saber quantos abortos aquelas mãos já praticaram [...].[5]

Uma outra nessa mesma igreja, na Sexta-feira da Paixão, após a celebração da procissão do Senhor morto, manifestou espanto e revolta ao ver que as mulheres transitavam livremente nos espaços considerados mais sagrados, como o presbitério e a sacristia.

> É o fim do mundo! Onde já se viu mulher entrar na igreja deste jeito (referindo-se à vestimenta de algumas mulheres) e ainda passar em frente do altar. No meu tempo de Filha de Maria, mulher não passava daquele banco (apontando para a terceira fileira de bancos) e ainda tinha que ficar de cabeça encoberta. Quem entrasse com traje indecente como o que vejo aqui hoje, era expulsa pelo padre na mesma hora [...].

Essas manifestações são, na verdade, reações isoladas daquilo que está no imaginário e que durante séculos se pensou sobre as mulheres no espaço sagrado. Desse modo, o tratamento desigual dado a homens

---

[5] Esse episódio ocorreu em São Paulo, na Paróquia São Paulo da Cruz (Igreja do Calvário), no Bairro de Pinheiros, no ano de 2003.

e mulheres é uma forma de manifestação do preconceito adormecido que, vez por outra, vem à tona em reações como as acima citadas. Na pesquisa de campo feita nas comunidades da periferia de Osasco, descobrimos que a tolerância é bem maior. Reações de cunho moral, como o repúdio à circulação no espaço sagrado com qualquer tipo de roupa e o recebimento da comunhão por pessoas separadas, são menos explícitas que as encontradas nas paróquias do centro de São Paulo. As reações de discriminação são de outra natureza, como, por exemplo, a econômica. É fato que, nas capelas da periferia, todos são pobres, mas há entre os pobres os que são mais pobres e aqueles que, de certa forma, se sobressaem como menos pobres. A estes são confiadas as funções de maior responsabilidade ou destaque na comunidade, e a escolha é, geralmente, feita entre os próprios membros. Funções como as de Ministro Extraordinário da Eucaristia, Ministro da Palavra, Coordenadores de Pastoral ou Coordenadores de capela são sempre funções que, por terem mais visibilidade, são tidas como mais importantes e, portanto, são atribuídas aos que se sobressaem. Essa é também uma forma de reprodução, em graduação menor, daquilo que acontece em larga escala na sociedade e em outras instâncias da Igreja, porque é esta a ordem social que eles vivem, e a religião não está isenta desta ordem.

Partindo da concepção apresentada por Max Weber (2002, p. 109), da Igreja como uma associação de dominação detentora de um poder hierocrático, a religião é, por um lado, elemento de inclusão na sociedade, e como tal pode conceder a seus membros benefícios inclusivos. Por outro, pode excluir, negando a concessão dos bens simbólicos de salvação que influenciam o convívio social. Desse modo, ela exerce aquilo que Weber chamou de poder de coerção. Assim sendo, a Igreja, enquanto "uma associação hierocrática compulsória com organização contínua" (Weber, 2002, p. 109) – portanto, institucionalizada –, através de regras ou regulamentos normativos, enquadra seus adeptos nos modelos hierárquicos, isto é, assimétricos, em que as desvantagens são tidas como inerentes, portanto, pouco questionadas. Desse modo, ao admitir em suas instâncias superiores somente aqueles que têm as qualidades religiosas requeridas, reproduzem uma ordem social excludente. Os que não se enquadram nos padrões idealizados são rejeitados ou sutilmente deixados de lado.

Ao discorrer sobre as assimetrias entre homens e mulheres na Igreja, não se pode deixar de abordar o caso das freiras, porque essa é uma das categorias que mais contribuem para visualizar o que estamos a tratar. São mulheres que, apesar de fazerem parte, oficialmente, da Instituição, não recebem o mesmo tratamento dado aos homens consagrados. Elas não participam das decisões e são tratadas de forma diferenciada, inferiorizada. Segundo Nunes, "uma parte das religiosas não aceita essa situação de inferioridade a que são relegadas na Igreja; não raro eclodem conflitos entre elas e as autoridades eclesiásticas" (Nunes, 2001, p. 506), trazendo, a público, a relação dialética de exclusão e inclusão. À vista disso, os conflitos são atos em represália a esse modelo assimétrico do qual tratamos aqui. No Brasil e em várias partes do mundo, através de atos isolados, de grupos ou de organizações, mulheres se insurgem em defesa do tratamento igualitário, por parte da hierarquia eclesiástica, para todos. Lembramos o acontecido na Europa[6], no ano de 2002, quando sete mulheres, ordenadas à revelia da Igreja, foram, em seguida, excomungadas. A excomunhão se deu, segundo fontes do Vaticano, porque o ato representou uma afronta ao poder eclesiástico androcêntrico, qualificado como de extrema rebeldia contra as normas eclesiás-

---

[6] As alemãs Gisele Forster, Iris Müller, Ida Raming, Pia Brunner, as austríacas Christine Mayr-Lumetzberger, Adeline Theresia Roitinger e a americana Angela White foram "ordenadas à revelia do Vaticano em 29 de junho, pelo ex-padre Romulo Braschi, argentino de 61 anos. A cerimônia aconteceu a bordo de um barco no Rio Danúbio, diante de 200 pessoas, entre familiares e simpatizantes da causa". Cf. Revista *Época*, 12 de agosto de 2002, n. 221, p. 59.

ticas estabelecidas. No exercício do poder simbólico, a Igreja empregou a coerção psíquica, da qual nos fala Weber. O atual Papa, na época *Prefeito para a Doutrina da Fé*, Cardeal Joseph Ratzinger, afirmou: "Elas cometeram uma ofensa terrível [...] forjaram um sacramento sem validade" (Época, 2002, p. 59).

A advertência, seguida da excomunhão, confirma aquilo de que tratamos desde o início: o poder simbólico da religião alicerçado nos sacramentos, dado que referenda a tese de Weber da "reivindicação do monopólio do uso legítimo da coerção hierocrática" (Weber, 2002, p. 111) por parte da Igreja. Se essas mulheres se declarassem arrependidas, estariam concordando e, portanto, submetendo-se às regras e normas que legitimam a situação de desigualdade. De acordo com Weber, "os representantes dessas normas sagradas e os interessados nelas são, em primeiro lugar, os sacerdotes" (Weber, 2004a, p. 290) – subentende-se aqui o *múnus* sacerdotal de toda hierarquia eclesiástica (bispos, cardeais, papa), porque são eles que gerenciam tal poder. Vale destacar que o último dirigente do Santo Ofício para a doutrina da Igreja (antiga Santa Inquisição), o mesmo que condenou teólogos e teólogas ao silêncio e sentenciou a expulsão das sete mulheres acima citadas, foi eleito papa pelo colégio cardinalício no último conclave. À vista disso, Ivone Gebara, ao escrever sobre o processo desta eleição, via pouca mudança nos rumos da Igreja quanto a uma relação mais igualitária entre homens e mulheres.

> Continuo escrevendo de Nova York à espera da fumaça branca. A multidão continua na praça de São Pedro. Finalmente, a fumaça chegou hoje, 19 de abril, um pouco depois do meio dia. A fumaça branca foi a claridade absoluta dos rumos da Igreja hierárquica. Elegeram o Cardeal Ratzinger, Papa Bento XVI. Todos os medos se concretizaram. Então, alegremo-nos, vivamos o magno gozo da claridade dos rumos que serão tomados. *Urbi et Orbe, Habemus Papam*! Para que mais palavras e comentários. Tudo está claro. Cabe a nós levar nossa história adiante, guiadas por nossas convicções e nossas lutas (Gebara, 2005, p. 6).

Assim sendo, assuntos como o celibato dos padres e a ordenação das mulheres ainda são temas pouco discutidos na hierarquia da Igreja. Sobre esta busca de igualdade entre homens e mulheres, escreveu Leonardo Boff, por ocasião da morte de João Paulo II, na qual enfatiza a concentração do poder da Igreja nas mãos dos homens.

> Para realizar seu desígnio de restauração adotou instrumentos adequados. Reescreveu o direito canônico para que enquadrasse toda a vida da Igreja, fez publicar o Catecismo Universal da Igreja Católica e com ele oficializou o pensamento único dentro da Igreja. Tirou poder de decisão do Sínodo dos Bispos, submetendo-o totalmente ao poder papal, assim como limitou o poder das conferências continentais dos bispos, das conferências nacionais episcopais, das conferências dos religiosos em níveis nacional e internacional, marginalizou o poder de participação decisória dos leigos e negou plena cidadania eclesial às mulheres, relegadas a funções secundárias, sempre longe do altar e do púlpito (Boff, 2005, p. 8).

Enfim, a atual disparidade de direitos e deveres entre homens e mulheres, resquícios de um catolicismo que, segundo Nunes (1996, p. 74), desenvolveu-se no Brasil "como uma religião masculina e branca" continua, embora em menor escala, preservando tais características. Se no passado as mulheres pobres e negras eram praticamente banidas dos espaços sagrados, hoje os espaços que representam poder continuam sendo, em sua maioria, ocupados por pessoas que se enquadram nesta categoria privilegiada, conforme vimos na cartografia das religiões e seus cruzamentos com indicadores sociais e como veremos, mais adiante, quando tratarmos do sacramento da Ordem. Portanto, a história da Igreja Católica no Brasil confirma que o tratamento desigual dado às mulheres é evidente, principalmente no domínio do sagrado. As mudanças e transformações que ocorreram no cenário eclesiástico, por ocasião do Concílio Vaticano II e suas influências, não foram suficientes para conferir às mulheres o poder que é conferido aos homens. Na atual conjuntura, apesar dos avanços e conquistas obtidas pelas mulheres, a Igreja feminina ainda é a igreja doméstica, da prática devocional e dos trabalhos sociais. Esse tipo de atuação a Igreja institucional masculina legitima e incentiva. À vista disso, Nunes afirma que "a dinâmica através da qual se feminiza o catolicismo no Brasil, longe de significar um investimento das mulheres no exercício do poder sagrado, representa, de fato, a reafirmação de seu estatuto subordinado" (Nunes, 1996, p. 89).

5. O poder e a função dos bens simbólicos no processo de exclusão e inclusão

> "Não há inclusão sem exclusão.
> E enquanto essa delimitação é
> efetuada de forma autoritária, isto é,
> unilateral, permanece inscrita na tolerância
> a mácula da exclusão autoritária"
> (Jürgen Habermas, 2003, p. 12).

Ao nos estendermos sobre o tema da religião e sua relação com a inclusão de pessoas em grupos, seja na igreja, comunidade religiosa ou mesmo na sociedade, sentimos a necessidade, num primeiro momento, de deslocar a atenção da análise da religião católica propriamente dita para a religião como um conceito genérico, abrangente, a religião como "um sistema de crenças e práticas por meio das quais um grupo de pessoas enfrenta os problemas essenciais da vida humana" (Yinger, 1957, p. 9), como as questões existenciais e a própria morte. A religião, que está "implícita em processos básicos de socialização e que funciona como metalinguagem que transcende o domínio dos fatos objetivos" (Outhwaite, 1996, p. 661), constitui, assim, um vínculo eficaz para o cultivo e a expressão de identidades e de integração, além de ser norteadora de conduta e, à vista disso, impõe, ou deveria impor, uma ordem social aos grupos ou associações hierocráticas comumente chamados igrejas, segundo Weber (2004a, p. 34). A religião, por congregar um conjunto de símbolos e rituais, proporciona solidariedade social e integração, que aqui chamamos de inclusão. Por este prisma, a religião é detentora de um poder simbólico que gera coesão social, sendo, dessa maneira, passo importante no processo de inclusão. Por fim, a religião e a inclusão são tratadas aqui de comum acordo com a definição de Clifford Geertz, ou seja, como "um sistema que atua para estabelecer poderosas, penetrantes e duradouras disposições e motivações nos homens através da formulação de conceitos de uma ordem de existência geral e vestindo essas concepções e motivações com tal aura de fatualidade que as disposições e motivações parecem singularmente realistas" (Geertz, 1989, p. 67). É dentro destas concepções que tratamos nesta parte do livro a religião católica e seu poder de inclusão, sem perder de vista seu oposto, a exclusão. Uma religião cujo sistema de símbolos contribui para estabelecer nas pessoas disposições e motivações singularmente realistas.

De acordo com Geertz, "o estudo antropológico da religião é uma operação em dois estágios: no primeiro, uma análise do sistema de significados incorporado nos símbolos que formam a religião propriamente dita e, no segundo, o relacionamento desses sistemas aos processos socioestruturais e psicológicos" (Geertz, 1989, p. 91). Discutir o sistema de significados envoltos nos símbolos dos sacramentos, como, por exemplo, os objetos utilizados nos rituais, os ritos de passagem, as relações de parentesco, os vínculos religiosos e sociais, os compromissos assumidos através de pactos e contratos, enfim, o controle social e outras dimensões da religião que fazem dela, além de um instrumento de dominação, um poderoso veículo de inclusão é o objetivo deste capítulo. Conduziremos nossa reflexão começando pela adesão e prática da religião daquelas que formam a maior parte dos católicos praticantes, as mulheres, em espaços específicos e que, como vimos anteriormente, são tratadas de forma desigual em relação aos homens. Segundo dados da Fundação Perseu Abramo sobre o perfil sociodemográfico da mulher brasileira, a partir do referencial da religião, 69% das mulheres brasileiras são católicas, sendo que, dessa porcentagem, 40% são praticantes e 29% não praticantes, conforme mostra o gráfico seguinte.

Gráfico 1: Perfil sociodemográfico da mulher brasileira a partir da religião (estimulada em %).

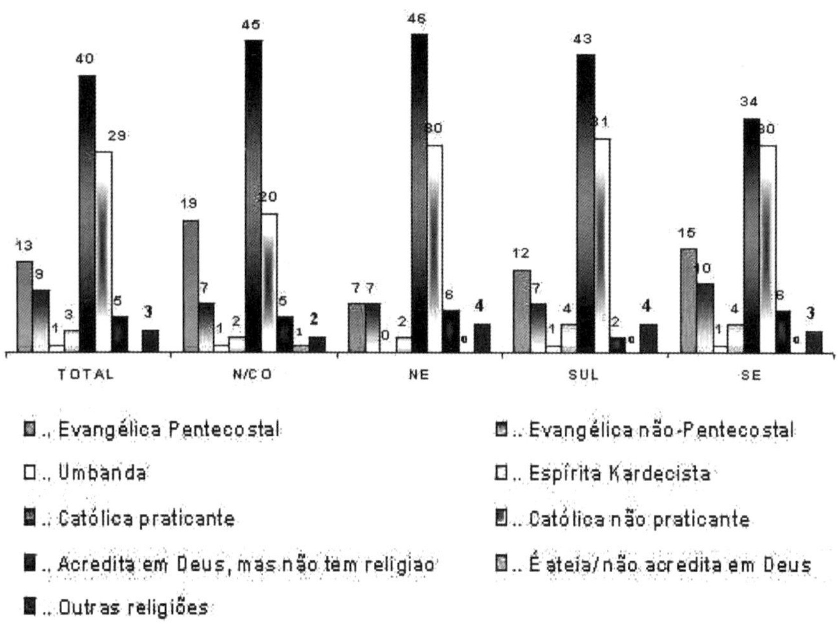

Fonte: Fundação Perseu Abramo. In: VENTURI, Gustavo; RECAMÁN, Marisol e OLIVEIRA, Suely de (Org.). "*A mulher Brasileira nos espaços público e privado.*" Fundação Perseu Abramo, São Paulo, 2004, gráfico 17, p. 202.

Se, por um lado, a mulher na Igreja é tratada de forma desigual, por outro, essa mesma Igreja que a discrimina oferece oportunidades de inclusão. Tal bilateralidade ou paradoxo expressa o poder que a religião exerce na vida social. Isto ajuda a explicar porque as mulheres são maioria na Igreja Católica. Segundo a teóloga Maria Clara Bingemer, "a passagem pela experiência religiosa e eclesial cristã tem se mostrado uma constante e autêntica via de acesso à emancipação e à recuperação da dignidade humana de muitas mulheres" (Bingemer, 2003, p. 35), principalmente as de camadas desfavorecidas da sociedade, mas não somente elas. Como vimos na primeira parte deste livro, em regiões como as do setor Pinheiros, em São Paulo, consideradas bem acima da média da cidade, em questão de poder aquisitivo, também se constata que as mulheres, além de serem maioria, também buscam a igreja como um espaço de visibilidade e inclusão. No caso das mulheres das camadas populares, Bingemer confirma a tese da inclusão social a partir da inclusão religiosa. Ela constata que "estas mulheres das camadas populares são ainda extremamente oprimidas e marginalizadas; sua participação efetiva no universo religioso e eclesial tem se mostrado como uma possibilidade real e original de acesso e passagem a uma maior consciência social e tomada de posição no espaço público, em termos de participação nos sindicatos, nas associações de bairro, nos movimentos populares e nos partidos políticos" (Bingemer, 2003, p. 35).

A estes, acrescentamos as CEBs (Comunidades Eclesiais de Base), que a partir da década de 60 tornaram-se um campo religioso de intensa participação das mulheres, favorecendo sua inclusão nos espaços públicos, entre eles os acima citados por Bingemer. Neste aspecto, o poder simbólico da religião desponta de maneira aparentemente contraditória, ou seja, os mesmos espaços sagrados em que ocorrem relações conflituosas e excludentes desdobram-se também como espaços que configuram relações de integração e inclusão. Isto ocorre não necessariamente em situações separadas por tempos distintos, em que um momento suplanta o outro, mas simultaneamente, por isso é paradoxal. Nesses mesmos espaços, quando as relações de exclusão são superadas, dá-se lugar à aceitação, à valorização e à conscientização, princípios facilitadores da inclusão.

Na análise da função da religião como elemento de inclusão, consideramos a coesão como o grau em que as pessoas que se declaram católicas se identificam com o catolicismo, especialmente no que se refere às normas e crenças, pactuando, assim, com a forma como está estruturada a religião. De acordo com Durkheim, "o grau de coesão depende da maneira como os sistemas sociais estão organizados" (Durkheim, 2004a, p. 30). A conjuntura da religião católica, tratada aqui como um sistema social, dispõe de um complexo de organizações, posições ou funções que os fiéis ocupam ou desempenham nos espaços sagrados e que os levam a interagir entre si ou com as instâncias da hierarquia eclesiástica, mediante normas morais de comportamento, rituais, ações, atividades de natureza específica, principalmente a atividade religiosa, mas também por operação de cunho econômico e político, que os tornam partícipes e, portanto, inclusos neste sistema social que é a religião. Todas essas atividades na igreja estão previstas de forma normativa, regulando vínculos e colocando limites na variedade de comportamento de um fiel em confronto com o outro, dentro e fora do espaço sagrado do templo. Aqueles que concordam com tais normas reguladoras e obedecem a elas estão, de certa forma, incluídos. Há casos em que os que se rebelam tornam-se proscritos, como ocorre com movimentos, grupos ou categorias como a dos homossexuais (que veremos mais adiante). Por conseguinte, a religião desempenha funções sociais tanto na exclusão quanto na inclusão. É desse modo que Pedro A. Ribeiro de Oliveira confirma que "na medida em que fornece justificação para a existência humana dentro de uma posição socialmente determinada [...], a religião desempenha funções sociais" (Oliveira, 1997, p. 113).

Além disso, a mesma cumpre um papel político, como veremos mais adiante com Georges Balandier (1969, p. 93), porque, "por revestir o social de sagrado, fazendo a correspondência entre a ordem simbólica e a ordem social, ela desempenha função eminentemente política" (Oliveira, 1997, p. 113). Desse modo, professar uma religião foi, durante muito tempo, um elemento de identidade importante entre o indivíduo e a sociedade. No passado, os dissidentes eram punidos até com a morte, como ocorria no tempo da inquisição. Na maior parte dos países do Ocidente, no entanto, com a separação entre Igreja e Estado, os indivíduos passaram a desfrutar de certa liberdade nesse campo. No entanto, até que ponto essa liberdade é total? No Brasil, a pessoa tem a liberdade de escolher a religião que deseja professar, e isso lhe é garantido pela Constituição Federal; contudo, não ter nenhuma religião, ou dizer-se ateu, ainda é motivo de estranhamento. Assim, num país de maioria religiosa, não ter religião não é um bom conceito e, portanto, uma motivação implícita de exclusão, apesar do crescente número dos que se declaram nessas condições, segundo dados do Censo[7] (4,73% em 1991 e 7,28% em 2000). Apesar do crescente número dos que se dizem ateus ou sem-religião, a intolerância com os mesmos ainda persiste. Leo Vines, na época presidente de uma associação de ateus ("Associação Terra Redonda"), certifica que "existe a liberdade religiosa desde que você pertença a alguma religião" (Lima, 2002, p. 85).

Mesmo que estejamos num mundo em que se propagam os avanços da Ciência, a religião continua sendo um elemento importante na vida social porque é princípio integrador do indivíduo com a sociedade e, por essa razão, "negar Deus é muito mais radical, e é algo paradoxalmente malvisto" (Lima, 2002, p. 85). Esse "malvisto" está carregado de significado simbólico, porque representa não apenas a não-aceitabilidade, mas a exclusão, e ninguém quer ser excluído. Portanto, declarar-se adepto de uma religião é receber a aprovação da sociedade, o que facilita a inclusão num grupo social. Ainda é tabu não pertencer a nenhum grupo religioso, o que nos remete às conclusões de James Frazer, na obra

[7] No ano de 1991, os que se declaravam sem religião correspondiam ao número de 6.946.221 (4,73% da população). No ano 2000, o número desta população subiu para 12.330.101 (7,28% da população), uma diferença de 2,55% num período de nove anos. Cf. resultados preliminares do Censo Demográfico 2000. População do Brasil por grupos religiosos em 1991 e 2000.

La rama dorada, em que ele situa a religião num movimento dialético do pensamento que a coloca num estágio intermediário e necessário entre a magia e a ciência. A magia como o estágio mais primitivo do pensamento e a ciência como o estágio mais avançado. Entre esses dois estágios, encontra-se a religião. Em parte, essa constatação contribui para explicar a importância atribuída à religião, mesmo com o avanço da Ciência. Na informação abaixo, essa influência aparece de forma bastante clara.

> [...] Asa Heuser, hoje com 45 anos, mudou-se recém-casada para a cidade de Tenente Portela, no interior gaúcho. Ela e o marido não acreditavam em Deus – Asa, de origem finlandesa, havia inclusive sido criada numa família ateísta há várias gerações. Ao chegarem à cidade, no entanto, resolveram entrar para a igreja luterana. "Ficamos com medo de ser rejeitados pela sociedade local se nos declarássemos ateus. Além disso, meu marido, que é veterinário, poderia perder clientes", conta Asa. Os três filhos do casal foram batizados na fé luterana (Lima, 2002, p. 85).

Esse é o sentimento que está arraigado no imaginário social, porque, numa sociedade em que a religião ainda é um componente determinante, não a ter representa, mesmo nas comunidades cientificamente avançadas, marginalização social. Isso contribui para que o indivíduo busque uma religião como segurança, aderindo àquela que é mais representativa em sua realidade social. Em certas regiões do Sul do Brasil, como a que reside a família acima citada, além dos católicos, os luteranos formam um grupo significativo, talvez predominante. Daí a conveniência em aderir a essa religião para não ser visto como "diferente" e, portanto, sujeito à segregação. Trouxemos presente essa situação porque é protótipo do que acontece entre muitos dos que se dizem católicos. Mais que pertencer a uma determinada religião, o desejo de pertencimento ao grupo social, de ser tratado como igual e estar incluído é predominante. Somente o fato de participar de uma categoria religiosa já é suficiente para tornar a pessoa mais aceita em outros grupos ou na sociedade em que essa religião é influente. Quem afirma não ter religião ou pertencer a uma religião de minorias é visto como um elemento estranho, diferente, e o dessemelhante, como em qualquer grupo social, é rejeitado, rechaçado, enfim, segregado. Essa rejeição passa por todos os segmentos; declarar-se ateu poderá colocar em jogo a sobrevivência na comunidade norteada por princípios e valores morais oriundos da religião.

Conforme afirmação da informante supracitada, o marido poderia perder clientes caso declarasse sua condição de ateu. À vista disso, a lógica de seu raciocínio é correta, porque, perdendo clientes, teriam menos recursos financeiros e, com menos recursos financeiros, estariam mais pobres e, sendo pobres, teriam maiores chances de serem marginalizados. Voltamos então à clássica relação entre pobreza e exclusão social; quanto mais baixa a camada social a que a família pertença, mais são as chances de ser excluída! Enfim, não ter ou não pertencer a nenhum segmento religioso pode acarretar problemas financeiros porque influi no convívio social. Dessa maneira, a religião é fator significante para a inclusão social. Não é à toa que inúmeras religiões pentecostais usam os argumentos da teologia da prosperidade para angariar adeptos. A estratégia tem bom êxito e funciona, de acordo com Bourdieu (1992), como um campo de valor onde confluem os bens reais e simbólicos num sistema de trocas. É frequente obter informações de fiéis que afirmam ter sido a partir do momento que aderiram a uma religião que obtiveram certa ascensão social, ou "mudaram de vida", como muitos preferem dizer. Neste caso, a busca da religião como meio de inclusão social é mais evidente. No entanto, isso não é de todo visível e aceitável, principalmente quando se trata do catolicismo, em que a teologia da prosperidade não é apregoada, chegando mesmo a ser combatida. No catolicismo a inclusão social se dá por outras vias menos visíveis, passando primeiro pela inclusão no espaço de relações sociais do sagrado.

Antes de tudo, o fato é que a importância da religião para a inserção social está no imaginário das pessoas, seja pela crença de que a religião é dotada de poderes especiais que contribuem para a ascensão econômica ou pela complexa relação entre a religião e a comunidade. A religião católica tem, naturalmente, um sentido específico diferente em cada tipo de comunidade, variando de acordo com cada situação. Por exemplo, entre os católicos dos bairros mais ricos, como os do setor Pinheiros, e os dos bairros mais pobres do setor Santo Antônio, a religião é tida, em cada um, à sua maneira, como um recurso que contribui para a boa educação, o reto agir e a compreensão dos valores morais, que estão na tradição católica de um modo geral. Ética e moral mantêm estreitos vínculos com a religião. Daquele que se diz praticante de uma religião estruturada como a católica, logo se supõe possuidor de tais valores inclusivos, fundamentais numa boa sociedade, seja na periferia ou no centro. No caso do ateísmo, a família do exemplo citado dizia que não foi fácil, mas conseguiram assumir que eram 100% ateus numa sociedade em que isso ainda não era comum. Afirmam: "Saímos do armário justamente para combater o preconceito segundo o qual quem não tem religião não consegue educar uma família com referências morais fortes" (Lima, 2002, p. 85).

Recentes investigações demonstraram que, apesar de alguns defenderem a tese da secularização, em países como o Brasil, os ateus e as minorias religiosas ainda são vítimas de discriminação (Datafolha, 2002). Uma pesquisa do Instituto *Gallup* (1999) mostrou que "a porcentagem de pessoas que não votariam de jeito nenhum num candidato ateu era bem maior que as das que rejeitariam representantes de outras minorias listadas – gays, negros e mulheres" (Lima, 2002, p. 86). A mesma pesquisa mostrou que "em 1985, na eleição para a prefeitura de São Paulo, o então candidato Fernando Henrique Cardoso se atrapalhou num debate ao tentar responder se acreditava ou não em Deus [...], perdeu para o ex-presidente Jânio Quadros" (Lima, 2002, p. 86) porque insinuou sua condição de ateu, embora não tivesse feito diretamente tal afirmação. Nas duas áreas pesquisadas, através de conversas informais entre pessoas de distintas camadas sociais, encontramos também, indistintamente, fortes rejeições a candidatos que se declaravam sem religião ou ateus.

Num país como o Brasil, com predominância de pessoas que praticam ou dizem ser adeptos de uma religião cristã, seja por razões históricas, culturais ou sociais, o número dos que se declaram sem religião ainda é inexpressivo. Vale lembrar que nem todos os que afirmam não ter religião devem ser considerados ateus, porque pode se tratar dos que estão numa fase de transição de uma religião para outra, já que vivemos numa sociedade não apenas de pluralidade, mas também de mobilidade religiosa. Os dados que recolhemos da pesquisa citada mostram que no Brasil "os militantes ateístas estimam algo de 3% da população, pouco menos da metade dos sem-religião apontados pelo censo" (Lima, 2002, p. 85). Embora esse percentual venha aumentando nas últimas pesquisas, ainda é precoce afirmar a existência de uma sociedade em que a maioria não tenha uma religião. O resultado das pesquisas mostra que ser adepto de uma religião é um fenômeno mundial, e não apenas uma característica de países subdesenvolvidos. A porcentagem constatada no Brasil de ateus ou sem-religião é praticamente "o mesmo percentual dos Estados Unidos [...] e um pouco inferior à média da Europa, onde eles são 4%" (Lima, 2002, p. 85). Esta porcentagem constatada em âmbito mundial revela que, apesar do avanço da ciência, a religião continua ocupando um espaço significativo na vida das pessoas, e este é um dado que deve ser levado em consideração quando se analisam fatores como a exclusão e a inclusão social a partir do referencial da religião. Concordamos com a tese de Frazer (1946, p. 74) de que, por fazer parte da dialética do pensamento humano (magia, religião e ciência), não dá para prever o desaparecimento puro e simples da religião em sincronia com a evolução social e intelectual.

Mesmo que se afigure incoerente neste contexto, há os que enxergam na grande oferta de religiões, e consequentemente no trânsito religioso, o contrário do que sentenciou Frazer, ou seja, um indício de que as sociedades, inclusive a brasileira, caminham para a secularização. Segundo essa teoria, a grande oferta de religiões não quer dizer que a sociedade esteja se tornando mais religiosa, e sim mais secularizada, porque tal fenômeno indica desenraizamento religioso, e isso pode representar um importante passo para o desaparecimento puro e simples da religião. Frente aos dados encontrados, somos levados a discordar deste ponto de vista. Dessa maneira, concordamos com Pierucci quando afirma que a secularização tem a ver sim com desenraizamento dos indivíduos (Pierucci, 1997, p. 114), todavia, não com a ausência de religião ou de movimentos religiosos. Esse dado pode representar vulnerabilidade religiosa, mas nunca ateísmo ou extinção da religião. Indica, como quer Bryan Wilson (1976, p. 112), o declínio das instituições religiosas tradicionais ou convencionais (como se denota na parcela dos católicos dos grandes centros urbanos que, ao migrar para as periferias, aderem às novas religiões pentecostais ou a movimentos religiosos da Igreja Católica da mesma linha, como, por exemplo, a Renovação Carismática Católica), no entanto, a religião continua presente e determinante.

De acordo com o pensamento de Wilson, Pierucci assinala que "o número e a variedade de movimentos espirituais crescem justamente sob o impacto da secularização na medida em que ela significa ou implica declínio geral do compromisso religioso" (Pierucci, 1997, p. 112). Desse modo, é a relação com o sagrado que se transfigura, porém o sagrado continua indissociável da vida social. A busca pela religião continua sendo motivada por um fator inclusivo, embora tal busca se dê de forma desenraizada, sem o chamado compromisso social e eclesial apregoado pela Teologia da Libertação. As constantes trocas de parâmetros religiosos revelam uma religiosidade não internalizada, indício do desarraigamento de religiões tradicionais ou da prática dos preceitos das religiões tradicionais, mas nunca da ausência da religião na vida do indivíduo. Ainda que pareça incompatível, o desarraigamento de religiões tradicionais, que aparentemente dessacraliza o mundo, tem influenciado ou contribuído para aumentar a procura pela religião como princípio social. Desse modo, há um aumento da busca pela religião como condição para a sociabilidade, e a oferta de opções religiosas vem reforçar a tese da adesão à religião como possibilidade de inclusão, que, de certa forma, pode ser deduzida como resultante da vulnerabilidade social. Finalmente, a religião ainda representa uma força fundamental na vida das pessoas, contribuindo para sua inserção e aceitação nos grupos sociais, agregando poderes simbólicos capazes de ditar normas e comportamentos fundantes da vida em comunidade.

Apesar de para alguns as normas morais da religião não serem valores internalizados, é oportuno tê-las como meios para se atingir determinados fins, já que boa parte da vida social depende delas. Se isso pode ser classificado como secularização, ou *desantropomorfização* da religião, como sugeriu Spencer (1876, p. 96), não é o caso de discutir agora. O que importa neste momento é sua capacidade de impor significado à ordem social e orientar a conduta das pessoas nas principais situações de sua existência, agregando valores pessoais e sociais que confirmam sua teoria de que, além de qualquer nomenclatura que se dê à atual conjuntura da religião e sua relação com a evolução social, mais do que desaparecer ou secularizar, ela "seguirá um processo no fim do qual restará a crença, ou melhor, a certeza absoluta" da "presença de uma força infinita e eterna, da qual derivam todas as coisas" (Spencer, 1876, p. 96). É essa força infinita e eterna, configurada na divindade, que justifica a existência. Essa concepção forma um conjunto tão poderoso de representações da realidade referente ao sobrenatural, às crenças, enfim, à religião propriamente dita que aqueles que discordam dessa concepção estão sujeitos à rejeição social.

Outro aspecto notório é o fato dos que se dizem ateus necessitarem, no íntimo, de instâncias ou mesmo instituições similares às das religiões padronizadas para se firmarem ou se organizarem enquanto grupo. Essa necessidade os leva a criar outros domínios simbólicos que reproduzem as mesmas estruturas combatidas, embora afirmem não aceitar os padrões religiosos mais habituais, criando, assim, mecanismos que estabelecem outras formas de "religião", evitando a exclusão social. Essa condição aponta para o surgimento de uma nova figura no panorama religioso brasileiro: o chamado ateu militante.

> Parece um paradoxo. É próprio dos religiosos se reunir em igrejas para professar sua fé entre iguais, e também divulgá-la. Os ateus, que negam Deus e as religiões, em tese não teriam motivos para se reunir nem para converter ninguém. De uns anos para cá, no entanto, eles organizam encontros, participam de grupos de discussão na *internet* e fundaram até uma ONG, a Sociedade da Terra Redonda. Qual a razão de tudo isso? (Lima, 2002, p. 85).

O pressuposto está nas circunstâncias já apontadas: o indivíduo necessita de uma religião ou de uma organização do tipo religiosa seja ela qual for, instituída oficialmente ou não, para se firmar socialmente. É importante participar de organizações com estruturas de sistemas religiosos porque isso favorece a vida em comunidade, e a vida em comunidade é inerente ao ser humano. Um dos adeptos desta "nova religião de ateus" confirma a indispensabilidade da organização religiosa na vida das pessoas para que se sintam compreendidas na comunidade e na sociedade: "Somos a última minoria [...]. Depois dos gays, negros e mulheres, chegou a hora de nos organizarmos" (Lima, 2002, p. 85), confirma D.S., um dos integrantes da comunidade de ateus. Este aspecto se evidencia entre aqueles que são vítimas da exclusão nas igrejas convencionais, como os homossexuais.

A ideia de que os ateus se organizam em grupos de forma religiosa significa que eles reconfiguram o conceito de religião, criando uma outra modalidade de crença. Uma crença que, embora fuja aos padrões tradicionais e aos estereótipos dos grupos religiosos consuetudinários, não deixa, entretanto, de ter a finalidade social das demais religiões. Esta necessidade de se organizar de forma similar como meio de inclusão social é tão usual que não só os grupos de ateus, mas também outros grupos excluídos recriam formas de agremiações. Protótipos são os homossexuais, que, em certas circunstâncias, banidos das religiões costumeiras, buscam formas alternativas de se organizarem em comunidades no âmbito religioso, constituindo igrejas direcionadas ao público homossexual. Uma delas, denominada *catedral da esperança*, surgiu com esta finalidade: reunir num espaço sagrado específico os que não são aceitos em outras religiões. Esse fato chama a atenção para a necessidade dos grupos segregados se estabelecerem como comunidade religiosa, o que equivale à conquista de seu espaço na sociedade, passo importante no processo de inclusão. Uma característica digna de nota é que esta nova religião de excluídos reproduz elementos de várias religiões, inclusive da católica, como, por exemplo, a nomenclatura (catedral), um dos símbolos da hierarquia católica. Há outros elementos simbólicos consagrados que visam reunir, no entorno do novo espaço sagrado, aqueles que foram excluídos nas religiões estabelecidas. Um outro dado significativo é que no interior dessa nova denominação religiosa reproduzem-se também alguns princípios das igrejas evangélicas pentecostais, num cruzamento de doutrinas, ritos e símbolos que corporificam as necessidades de uma categoria específica, embora religiosamente divergente, preenchendo, assim, lacunas deixadas por outras igrejas mais tradicionais, como, por exemplo, a bênção conjugal na relação entre iguais. São símbolos que ajudam a integrar os que foram desintegrados das religiões predominantes, como é o caso da *catedral da esperança.*

A *catedral da esperança* é, portanto, uma agremiação religiosa que "tem uma história similar à de muitas igrejas evangélicas. Foi criada em 1970 por um grupo de doze amigos no Estado do Texas, nos Estados Unidos" (Salgado, 2002, p. 58), e se expandiu e exportou suas ideias para outros países, inclusive para o Brasil. Em sua existência de aproximadamente "três décadas, conquistou novos fiéis, comprou uma sede própria na cidade de Dallas e acaba de dar início à construção de um mega templo que custará 36 milhões de dólares" (Salgado, 2002, p. 58). Segundo pesquisas (Datafolha, 2002), esta não é a primeira agremiação religiosa deste gênero. Já existem, nos EUA, "movimentos evangélicos que reúnem 300 congregações gays, com 400.000 fiéis espalhados por dezoito países" (Salgado, 2002, p. 58), e no Brasil outras igrejas do gênero têm sido criadas. O que torna a religião supracitada diferente destas últimas são as cifras econômicas que prometem fazer dela a maior no gênero. Isso denota o alto poder aquisitivo de seus membros, contestando a tese de que, da religião como da sociedade, só os pobres são excluídos.

É desnecessário reafirmar a evidência da exclusão deste grupo porque há uma intolerância implícita e explícita em boa parte das igrejas e grupos religiosos para com os mesmos. Com a Igreja Católica não é diferente. Ela "aceita fiéis homossexuais, mas exige deles abstinência sexual" (Salgado, 2002, p. 58), enquanto que "muitas denominações pentecostais os consideram pecadores sem chance de redenção" (Salgado, 2002, p. 58), o que equivale a uma total exclusão. O diretor da M.C.C. (Igrejas Comunitárias Metropolitanas), uma outra significativa agremiação de cunho religioso criada com a finalidade de acolher homossexuais afastados de outras igrejas, confirma essa exclusão a partir do aumento na procura pela igreja que dirige: "motor de nosso crescimento é a intolerância que gays e lésbicas enfrentam nas igrejas tradicionais" (Salgado, 2002, p. 58). Portanto, essas organizações religiosas surgem da proscrição praticada pelas religiões, inclusive a Católica, que marginalizam a pessoa do homossexual que assume sua condição. É também a necessidade de estruturação dos mesmos enquanto grupo e indivíduo numa sociedade em que a religião ainda tem, entre outras, a função de integração social, como assegurou Nancy Wilson (2006):

> Antes que nada, estamos aquí porque no deseamos ser segregados ni aislados, sino que buscamos una convivencia comunitaria. Estamos aquí porque de aquí somos, porque pertenecemos a esta amplia comunidad de Cristianos que buscan participar en el mundo "que Dios amó tanto". Vinimos, sobre todo, porque tenemos tanto que ofrecerle a la Iglesia y a la Comunidad en general (Wilson, 2006).[8]

A congregação em comunidades cristãs, como a M.C.C., denota o desejo de ser incluído, de não ser isolado e, acima de tudo, de ser amado, como declarou a bispa desta denominação religiosa, Nancy L. Wilson, na nona Assembleia do Conselho Mundial de Igrejas que aconteceu em Porto Alegre, em fevereiro de 2006.

Como foi dito no primeiro capítulo deste trabalho, a exclusão, além de ter tipos diferenciados, também ocorre em diversos níveis, desde um tratamento irônico, preconceituoso, até a expulsão definitiva da igreja, a chamada excomunhão, que supõe, além da exclusão imanente, a exclusão transcendente. Quem é excomungando está condenado ao inferno, reza a doutrina de algumas denominações religiosas, inclusive a católica. Dependendo da forma como a pessoa foi excluída e do grau de exclusão a que foi acometida, ela pode ser induzida à prática do suicídio. Émile Durkheim afirma que "a religião é, decididamente, o sistema de símbolos pelos quais a sociedade toma consciência de si mesma; é a maneira de pensar própria do coletivo" (Durkheim, 2004b, p. 402); se essa maneira de pensar própria do coletivo, com seu conjunto de símbolos, choca-se com a maneira de ser do indivíduo, o mesmo está diante de uma contradição geradora de uma crise de identidade existencial, que poderá levá-lo ao suicídio. De acordo com Durkheim, "os homens

[8] La Revda. Obispa Nancy L. Wilson. Moderadora, Iglesias de la Comunidad Metropolitana. Novena Asamblea del Consejo Mundial de Iglesias en Porto Alegre, Brasil, 20 de febrero de 2006.

que se matam ora experimentaram desgostos de família ou frustrações de amor-próprio, ora sofreram miséria ou doença, ora ainda se condenaram por alguma falta moral etc." (Durkheim, 2004b, p. 381). Numa sociedade machista como a brasileira, o homossexual experimenta desgosto e frustrações na família que ferem seu amor próprio, mas acima de tudo, quando se trata de uma família de tradição católica, ele se vê acometido de uma falta moral, o que poderá desencadear uma atitude radical como o suicídio. Roger Bastide, ao comentar as inferências de Durkheim sobre religião e suicídio e o sentido integrador da comunidade religiosa, mostra que há "mais suicidas entre os protestantes do que entre os católicos, mais suicidas entre os católicos do que entre os judeus, como se a submissão a uma Igreja de tipo comunitário livrasse o indivíduo do medo aos seus problemas e como se o suicídio fosse aumentando à medida que se passa destas religiões comunitárias para as religiões mais individualistas" (Bastide, 1965, p. 153). Desse modo, a ideia de comunidade passada pela religião católica, como vimos anteriormente, ajuda a fortalecer a segurança do indivíduo, contendo os atos de desequilíbrio, como o suicídio. Quando o indivíduo se sente fora desse ideal comunitário, sente-se vulnerável e debilitado, sem onde se apoiar nos momentos de suas angústias.

Destarte, a exclusão religiosa poderá desencadear qualquer um destes sentimentos relacionados por Durkheim, mas talvez o que mais esteja relacionado com o suicídio seja o sentimento de falta moral que a maioria das religiões incute na pessoa do homossexual. De acordo com o Catecismo da Igreja Católica, que se fundamenta nas Sagradas Escrituras,[9] a homossexualidade é considerada depravação grave. Afirma o documento: "A tradição sempre declarou que 'os atos de homossexualidade' são intrinsecamente desordenados. São contrários à lei

[9] Cf. Gn 19,1-29; Rm 1,24-27; 1Cor 6,10; 1Tm 1,10.

natural (CaIC, 1993, p. 531, § 2357). Embora o documento afirme que os homossexuais "devem ser acolhidos com respeito, compaixão e delicadeza, evitando para com eles todo sinal de discriminação injusta" (CaIC, 1993, p. 531, § 2358), coloca, ao mesmo tempo, condição para permanecer na Igreja: "as pessoas homossexuais são chamadas à castidade" (CaIC, 1993, p. 531, § 2359). Caso contrário, a discriminação ou mesmo a exclusão fica subentendida como justa. Um documento recente lançado pela *Congregação para a Educação Católica*, ao comentar este artigo do Catecismo Romano, confirma:

> À luz de tal ensinamento, este Dicastério, de acordo com a Congregação para o Culto Divino e a Disciplina dos Sacramentos, considera necessário afirmar claramente que a Igreja, embora respeitando profundamente as pessoas em questão, não pode admitir ao Seminário e às Ordens sacras aqueles que praticam a homossexualidade, apresentam tendências homossexuais profundamente radicadas ou apoiam a chamada *cultura gay* (Doc. 20, 2005, p. 10).

Por conseguinte, os candidatos às Ordens sacras, ou seja, aqueles que desejam ser diáconos ou padres, estarão excluídos caso declarem ser homossexuais ou mesmo apresentem tais características. Retomando a questão dos casos de suicídio como resultado da exclusão religiosa, apresentamos alguns exemplos que colaboram para ilustrar o que desejamos demonstrar. O primeiro, embora não se trate da Igreja Católica, expressa bem uma dessas situações em que a exclusão da Igreja pode motivar a tentativa de suicídio.

> Expulso da Igreja Batista em 1968 por ser gay, o reverendo Troy Perry primeiro tentou suicídio. Depois fundou a própria igreja dedicada a homossexuais – a Igreja Comunitária Metropolitana de Los Angeles, a precursora da M.C.C. Seus cultos são um híbrido cristão. As missas são similares às católicas, os sermões se parecem

> aos protestantes e os cânticos lembram os evangélicos. Uma diferença é a ênfase dada às dificuldades de relacionamento entre os casais (Salgado, 2002, p. 58).

Da Igreja Católica no Brasil, recolhemos, em uma das áreas pesquisadas (setor Santo Antônio), o depoimento do informante E.V.D., ex-seminarista, 32 anos e há cinco fora do seminário. Disse ter passado por três seminários e em todos foi "expulso" por apresentar características um tanto quanto efeminadas para os padrões requeridos pela Igreja. Oriundo do Estado da Paraíba, onde foi pela primeira vez seminarista, veio para São Paulo e ingressou em outras duas Congregações Religiosas. Afirma acreditar em sua vocação e disse que fora do seminário não encontra razão para continuar vivendo, uma vez que direcionou seus projetos para ser padre. Após ser "demitido" do seminário pela última vez, entrou em depressão e tentou suicídio, ingerindo excesso de medicamentos. Nas demoradas conversas que tivemos, partilhou, além da tentativa de suicídio, as sequelas de ter sido discriminado pela Igreja.

> No seminário, sempre fui alvo de piadas, mas não imaginava que pudesse ser impedido de continuar pelo fato de ser homossexual. Só fui entender isso a terceira vez que me aconselharam a sair. Nunca escondi minha condição, e é por isso que me barraram. Isso me revoltou porque acredito na minha vocação. Havia vários homossexuais como eu e que estavam lá mais para se esconder atrás de um papel que por vocação e permaneceram porque ocultaram a sua condição. Apesar de ter acompanhamento psicológico no hospital onde hoje trabalho, não consegui, ainda, me recuperar do trauma de ter sido obrigado a sair do seminário. Hoje, tenho vergonha de visitar meus amigos e minha família (E. V. D.).

A incompatibilidade entre a Igreja Católica e a homossexualidade se dá pelo fato de que ela, a Igreja, fundamenta sua doutrina em questões morais, e o homossexual representa uma afronta a essa doutrina. Quanto às tentativas de suicídio que alguns excluídos têm acometido, Durkheim, afirma que "é a constituição moral da sociedade que estabelece, a cada instante, o contingente de mortes voluntárias" (Durkheim, 2004b, p. 384). Com a religião não é diferente. A tentativa de suicídio entre homossexuais que são excluídos da Igreja tem também a ver, conforme sugere Durkheim, com a constituição moral da mesma. Segundo Luiz Mott, "a Igreja Católica tem uma dívida histórica milenar em relação aos homossexuais. No passado, ela mandou homossexuais para a fogueira e hoje ela os condena à exclusão, à marginalidade" (Mott, 2003, p. 21).

A exclusão religiosa torna-se ainda mais maléfica porque provoca danos na *psique* do excluído, nem sempre reparáveis. E, quando ela vem sob acusações de cunho moral, a situação tende a piorar. Tal categoria de exclusão reproduz, no imaginário, o sentimento escatológico de ser também excluído por Deus, ou seja, é vista pela pessoa como o fim de tudo, da vida e da própria alma. A Igreja reforçou esse tipo extremado de exclusão na forma como tratava as pessoas que morriam por suicídio. Foi o que confirmou o informante supracitado (E. V. D.): "[...] cometi esse ato porque estava profundamente deprimido, mas depois me arrependi. Aprendi no seminário que isso é contra a lei de Deus e, se tivesse morrido, estaria no inferno". Essa concepção representa aquilo que a Igreja imprimiu no imaginário católico. Assim escreveu Durkheim sobre o funeral dos que se suicidavam: "Os suicidas não seriam honrados com nenhuma comemoração no sagrado sacrifício da missa e [...] o canto dos salmos não acompanharia seu corpo ao túmulo" (Durkheim, 2004b, p. 422). Essa modalidade de exclusão se perpetuou no imaginário popular, e o suicídio, sentenciou Durkheim, "a moral comum o reprova. Ele ainda inspira à consciência popular uma repulsa que se estende aos lugares em que o suicida consumou sua decisão e a todas as pessoas que lhe são próximas" (Durkheim, 2004b, p. 423).

A concepção da exclusão além do imanente, isto é, na vida social, perpetuou-se na história do catolicismo no Brasil. João José Reis, ao descrever as regras das sepulturas eclesiásticas no Brasil do século XIX, destaca que "nem todos os mortos tinham direito a essa modalidade de sepultamento e que entre os excluídos estavam os suicidas" (Reis, 1995, p. 174). Mais adiante completa que, além de não terem direito aos ritos funerários convencionais, acreditava-se que os suicidas podiam tornar-se "almas penadas" (Reis, 1995, p. 204). No Brasil de hoje, em plena região metropolitana de São Paulo, essa concepção teológica da condenação eterna dos suicidas ainda sobrevive no imaginário popular. Em 2001, na capela mortuária do cemitério Bela Vista, em Osasco, a mãe de um jovem de 23 anos procurou o padre para saber se poderia ou não marcar missa de sétimo dia para o filho que se suicidou. Uma outra no bairro de Pinheiros, em São Paulo, em agosto de 2004, queria saber se o filho de 40 anos, que tentou suicídio, teria o perdão de Deus. Semanas antes de tentar o suicídio, esse referido rapaz havia procurado o padre para confessar seu sentimento de rejeição na família e na Igreja por ser homossexual. Sobre o suicídio, o Catecismo da Igreja Católica confirma que, apesar de ser "contrário ao amor do Deus vivo" (CaIC, 1993, p. 517, § 2281), "não se deve desesperar da salvação das pessoas que se mataram. Deus pode, por caminhos que só Ele conhece, dar-lhes ocasião de um arrependimento salutar. A Igreja ora pelas pessoas que atentaram contra a vida" (CaIC, 1993, p. 518, § 2283). No caso do referido rapaz, a mãe estava preocupada com a condenação eterna da alma do filho que tentou suicídio, embora não tivesse morrido. Acreditava que não teria o perdão de Deus e que seria castigado por ter atentado contra a própria vida, porque foi isso que aprendeu na Igreja.

Na maioria dos casos, a tentativa de suicídio é um gesto extremo de pedido de socorro de quem chegou aos limites do sentimento de rejeição; contudo, nem todos os segregados na Igreja tomam atitudes tão radicais como as acima exemplificadas. Quem consegue superar esse tipo de exclusão procura outras alternativas de aceitação e de inclusão. Quando o indivíduo é rejeitado na igreja de origem, é natural que busque ou crie um outro espaço sagrado para sua vida que preencha as lacunas deixadas pela exclusão dos grupos religiosos tradicionais. A M.C.C., que citamos anteriormente, é uma amostra deste espaço sagrado alternativo. Nesse espaço, pode-se manifestar seu ser religioso, sem máscaras ou disfarces, servindo de estímulo para a recuperação da autoestima e do sentimento de pertença não apenas a um grupo, comunidade ou religião, mas sobretudo a Deus. É uma forma de resistência e sobrevivência através da união de forças entre iguais, por meio da formação de comunidades, sejam elas igrejas, agremiações, sociedades, grupos, guetos ou qualquer outra nomenclatura que se queira dar, mas que possibilita o sentimento de também se sentirem amados por Deus. Quando essas denominações têm características religiosas, elas reforçam ainda mais os laços de unidade. Algumas pesquisas constataram que pessoas que têm uma religião, que participam de uma comunidade religiosa, são menos propensas a terem depressão ou às tentativas de suicídio.

> [...] Hovey, estudando imigrantes latinoamericanos, não encontrou associação entre filiação a esta ou aquela religião e ideações suicidas, mas mostrou que a religiosidade e a frequência da participação na igreja diminuíam as ideações suicidas [...]. Os mais religiosos pensam menos em suicídio. Há fatores sociais associados com a religião. Templos e igrejas são lugares de oração e, também, lugares onde as pessoas se encontram, se conhecem e, eventualmente, se ajudam. Lovell Smith e associados estudaram negros americanos católicos. Concluíram que a participação nas atividades da igreja e o sentido de comunidade aumentavam a disposição das pessoas em ajudar outras (Soares, 2005, p. 2).

Dessa forma, agremiações de cunho religioso se expandem por toda parte. No Brasil, encontram-se algumas destas, inclusive uma filial da M.C.C., como foi na ocasião assim notificado:

> Foi inaugurada (02/03/2004) na Lapa, região central do Rio, o primeiro templo da Igreja da Comunidade Metropolitana no Brasil, filial da norte-americana MCC (*Metropolitan Community Church*), considerada a primeira organização religiosa no mundo a permitir a celebração de cultos cristãos por gays, lésbicas, bissexuais e transgêneros. A igreja, de orientação evangélica cristã, diz ter um "trabalho especial" para o público homossexual, embora esteja aberta à participação de todas as pessoas (Folha de S. Paulo, 3 de maio de 2004, C 8).

Quanto mais o grupo se expande, solidifica-se ou se estrutura como Igreja ou religião, mais credibilidade ganha perante a sociedade porque são estas aparências que se sobressaem na opinião pública. A já citada "Igreja da Esperança", projetada em um mega templo, tende a se propagar por regiões em que a exclusão religiosa é mais evidente. As construções dos templos com o objetivo de visibilidade do espaço sagrado, através da suntuosidade da arquitetura, expõem a importância e o poder simbólico da religião no que compete à incorporação de adeptos, colaborando para a aceitação da mesma na sociedade e a inclusão de seus membros. No Brasil, no que corresponde à visibilidade dos templos, destacam-se como emergentes nestas características, os templos da Igreja Universal do Reino de Deus, com conforto para os fiéis e localização de fácil acesso, que atingem principalmente aqueles que são excluídos da sociedade e que na Igreja Católica não encontraram o espaço desejado. Essa estratégia não é de agora, e a Igreja Católica foi pioneira nessa característica de evidenciar seu poder através da grandiosidade de seus templos. Sua estrutura arquitetônica registrou, ao longo da história, características de domínio e poder no campo religioso. A mesma sugeria, através de torres pontiagudas, sua proximidade com Deus e, portanto, o controle do poder sagrado. Dessa forma, de acordo com os cargos ou as funções desempenhadas na Igreja era atribuído o grau de importância da pessoa na sociedade, fator que muitas vezes gerou e ainda gera conflitos nos interstícios do espaço sagrado. Apesar dos conflitos derivados da disputa pelo poder existente em seu interior, a Igreja ainda é uma instância que possibilita a descoberta de valores pessoais e coletivos. Em muitas situações, a participação na Igreja auxilia na recuperação de problemas derivados da baixa autoestima provocada pela não-acessibilidade em outros domínios da vida social, além de fomentar diversas frentes de trabalhos comunitários. É também à vista disso que a religião pode ser considerada um elemento de inclusão social.

As indicações sobre inclusão social e religiosa que nos forneceram alguns informantes, membros das paróquias e capelas dos setores pesquisados, apesar de válidas, eram insuficientes. Recorremos, portanto, às recomendações de Malinowski de que, numa pesquisa de campo, "só se pode obter êxito através da aplicação sistemática e paciente de algumas regras de bom-senso assim como de princípios científicos bem conhecidos" (Malinowski, 1984, p. 20). Foi assim que aplicamos indistintamente, em ambas as áreas investigadas, uma espécie de ficha de entrevista com apenas uma pergunta que consistia no seguinte: *A seu ver, a religião é um elemento que contribui para a inclusão social?* A maior parte dos entrevistados, católicos ou não, respondeu que sim, que a religião ajuda a integração das pessoas na sociedade, com a justificativa de que ela orienta condutas e oferece normas de convivência social para o bem comum, o que confere com os resultados de algumas pesquisas[10] que colocam a Igreja Católica entre as Instituições de maior credibilidade do público.

---

[10] Segundo pesquisa do Datafolha de 19/8/2001, a Igreja Católica figurava entre as Instituições em que a população mais confiava. Cf. Observatório da Imprensa. Imprensa em questão 5/19. Dossiê Credibilidade. Ajzenberg, Bernardo. Em 1984, o Instituto Gallup, a pedido da Revista "Veja", fez uma pesquisa nesse gênero que também revelou que a Igreja aparecia entre as três primeiras no índice da confiabilidade pública (+ 59), perdendo apenas para os professores (+ 69) e os Correios (+ 72). Cf. Revista *Veja*, 11/4/1984.

Gráfico 2: Avaliação positiva da imagem das instituições brasileiras

Fonte: IBOPE. Na seção: Opinião Pública – Área: Análises e Índices/2004. Data de publicação: 1/2/2004.

Para não nos alongarmos ainda mais nesta discussão, colocamos abaixo um quadro sinótico com os resultados obtidos através das entrevistas que fizemos com transeuntes nas áreas pesquisadas. Este levantamento foi realizado sete meses depois da publicação dos resultados da pesquisa supracitada.

Tabela 29

Pergunta: A seu ver, a religião é um elemento que contribui para a inclusão social?			
	Homem	**Mulher**	**Total das repostas**
Sim	82	95	177
Não	18	15	33
Não sabe	31	20	51
Outras respostas	5	13	18
Total dos entrevistados por sexo	**136**	**143**	
Total geral dos entrevistados			**279**

Fonte: Esta entrevista foi aplicada em três áreas distintas da região metropolitana de São Paulo, a saber: Praça Benedito Calixto e Largo de Pinheiros (Largo da Batata) em Pinheiros, São Paulo; escadarias da favela São Pedro, Jardim São Pedro, em Osasco, em setembro de 2004. Org. Pereira, J. Carlos.

Escolhemos essas três áreas (Praça Benedito Calixto, Largo da Batata e escadarias da favela São Pedro) porque duas delas (Praça Benedito Calixto e escadarias da favela São Pedro) foram, diretamente, nosso campo privilegiado de pesquisa, enquanto a terceira (Largo da Batata) é um ponto de convergência de pessoas oriundas das outras duas áreas. Nesta última, moradores de Osasco e de Pinheiros se cruzam no caminho do trabalho por ser esse um dos pontos de entroncamento dos meios de transporte coletivos que levam trabalhadores destas localidades para o centro ou para as regiões metropolitanas. O perfil dos entrevistados ofereceu margem para fazermos outros desdobramentos desta pesquisa, mas deixaremos essa tarefa para outro momento. Adiantamos, porém, que, ao comparar as informações da ficha que originou a tabela acima, com as informações gerais obtidas pelo CERIS/2000 (tabela 30) sobre a importância que a religião tem na vida das pessoas, podemos observar resultados sobre o que pensam as pessoas sobre a religião e seu papel na inclusão social, que apontam na mesma direção.

Tabela 30

Pergunta: Na sua vida diária qual é a importância da religião/fé?

Importância	Fundamental	Muito Importante	Importante	Indiferente	Pouco Importante	Irrelevante	SI
Católicos							
	356	185	107	11	9	6	1
São Paulo %	52,74	27,41	15,85	1,63	1,33	0,89	0,15
Não-católicos							
	106	44	41	4	7	2	19
São Paulo %	47,53	19,73	18,39	1,79	3,14	0,90	8,52

Fonte: CERIS/2000 – Catolicismo no Brasil. Resumo da tabela 11. In: CERIS, Desafios do catolicismo na cidade. Pesquisa em regiões metropolitanas Brasileiras. Coleção CERIS, São Paulo, Paulus, 2002, p. 282. Tabela sinótica elaborada por PEREIRA, José Carlos.

Enfim, a Igreja, e portanto a religião, possibilita resgatar a autoconfiança das pessoas e o discernimento comunitário, fortalecendo-as para a busca de ideais individuais e da coletividade. Recordamos, a título de ilustração, uma expressão de Benedita da Silva, ex-governadora do Rio de Janeiro e membro da Igreja Evangélica Assembleia de Deus, que complementa o que demonstramos: "Já tive minha fase de patinha feia, de não gostar de meu cabelo encarapinhado, do meu pé grande. A Igreja me fez ver que não precisava ter vergonha disso" (Veja, 2002, p. 77). Benedita da Silva concentra nessa expressão a possibilidade de inclusão social que a Igreja lhe deu. Ela conseguiu galgar os escalões de poder na política, que, segundo Michelle Perrot (1998, p. 117) "ainda é um dos santuários que fogem às mulheres". E isso ela conseguiu usando um *slogan* que reúne três das principais categorias de excluídos; *mulher, negra e favelada.* A igreja a encorajou para ir à luta sem o sentimento de inferioridade comum naqueles que se enquadram nos predicados por ela citados. Nessa mesma linha, encontramos o depoimento de Rubem Alves, que relata a Igreja como um "refúgio dos rejeitados e onde os excluídos se acham incluídos".

> Meu pai percebeu que não dava para ganhar a vida capinando pasto. Virou viajante, representante comercial, ia de cidade em cidade vendendo coisa. Fomos primeiro para Lambari, depois para Três Corações, Varginha e, finalmente, Rio de Janeiro. Nessa época, eu tinha 12 anos. Foi um dos períodos mais infelizes da minha vida porque meu pai me colocou no colégio da alta elite do Rio de Janeiro, o Colégio Andrews. Eu era um caipira de Minas, falava com sotaque carregado e fui objeto de chacota e de risos dos meus companheiros. Nunca tive um amigo da escola, não fui à casa de nenhum colega e nem eles vieram à minha. Percebi que eles eram ricos e eu pobre, aí me afastei. Por isso me liguei à Igreja, o refúgio dos rejeitados e onde os excluídos se acham incluídos (Alves, 2004, p. 12).

Na Igreja Católica, recolhemos o depoimento do padre J. R. M. J., oriundo de Pernambuco, que migrou com a família para Osasco, seguindo a rota de outros tantos conterrâneos. Informou que, a princípio, entrou para o seminário porque era pobre e não tinha nenhuma expectativa de um futuro melhor, depois acabou acostumando-se com a ideia e hoje até acredita que seja mesmo vocação.

> Queria muito estudar e minha família não tinha condições de bancar meus estudos. Vislumbrei na vida eclesiástica essa oportunidade. Como desde pequeno participei da igreja, não foi difícil ingressar no seminário. No começo foi difícil, porque eu mesmo não acreditava na minha vocação. Representava um papel e pensava em desistir no momento oportuno. Como os mistérios de Deus são insondáveis, aqui estou até hoje. Não penso mais em deixar o caminho que escolhi, contudo, não sei se é mesmo por vocação ou porque me acostumei! (J. R. M. J.).

A mãe do padre entrevistado, embora não duvide da vocação do filho, confirma:

> Se o Júnior (como é conhecido) não tivesse seguido essa carreira, estaria como a gente, sem estudo, sem emprego fixo e com muitos problemas para resolver. Sempre rezo para a sua perseverança e a de todos os padres, porque a vida aqui fora não está nada fácil. Feliz daquele que escolhe o caminho de Deus (L. M. M.).

Além desse, recolhemos no Jardim São Pedro outros diversos depoimentos que caracterizam a religião e a comunidade católica como um refúgio e meio de integração social. Entre tantos, selecionamos a declaração de T. S., que confirma algo de que já suspeitávamos.

> Quando cheguei do Ceará, encontrei muita dificuldade para me adaptar neste lugar. Se não fosse a participação na comunidade não sei se teria ficado por aqui. Agora somos como uma família. A gente se ajuda em tudo. Aprendi isso com as pessoas da pastoral da saúde. Agora, a igreja é parte de minha vida e da minha casa. Fazemos novena, estudo bíblico e reunião da pastoral em casa. Não me vejo morando aqui sem participar da comunidade (T. S.).

Desse modo, amplo e genérico, vimos como a Igreja ou a religião cumpre um importante papel no processo de inclusão social. Não obstante o cabedal das teorias, enfatizamos aqui os resultados práticos, obtidos através da pesquisa de campo desenvolvida por mais de quatro anos nas duas referidas áreas da região metropolitana de São Paulo.

6. À guisa de síntese

Este estudo principiou por uma análise da noção de espaço sagrado, embora soubéssemos que essa noção, a exemplo das de exclusão e inclusão, evoca problemas demasiado vastos e vagos para que possam ser tratados nos limites de um livro. Tratamos, inicialmente, deste conceito porque é impossível conceber as relações sociais das quais emana o poder simbólico da religião fora de um meio concreto que lhes sirva de sistema de referência. O espaço sagrado foi discutido aqui, em termos gerais, como o espaço no qual a Igreja exerce função administrativa, ou seja, as jurisdições eclesiásticas ou territórios, como as dioceses, os setores, as paróquias, enfim, os templos, cujos espaços internos e adjacências são campos férteis de ação social que envolvem uma infinidade de conflitos, além de ser um sistema de referência que permite pensar as relações sociais a partir das relações com o sagrado e o poder de força que dele deriva. Vimos, através de mapas, que o campo religioso na região metropolitana de São Paulo funciona como um espelho, refletindo, de certa forma, a organização social, ou seja, há uma estreita relação entre a disposição espacial religiosa e a estrutura social, e o arranjo religioso reflete a estrutura das configurações sociais. Encontramos, assim, um modo de estudar os fatos ou fenômenos sociais dos quais nos ocupamos nesta pesquisa através do viés da religião, ou seja, do ser religioso católico e seus papéis sociais dentro dos espaços sagrados, integrados em áreas determinadas, a partir de manifestações objetivas e subjetivas, sejam elas estáveis ou instáveis.

A partir desse projeto, cuja demonstração nos permitiu alcançar as várias etapas que atingimos para a construção do raciocínio proposto, levamos em consideração, em nosso processo de pesquisa, o resgate das manifestações religiosas de distintas categorias de pessoas e, para isso, utilizamos resultados de outras pesquisas, numa tentativa de rever o processo dialético em que a mesma está inserida e, com isso, inferir dados pertinentes às Ciências Sociais. Procuramos formular conceitos que demonstrassem a inclusão ou a exclusão de indivíduos e grupos, com ênfase na análise de situações reais, recolhidas do campo de pesquisa. Buscamos desenvolver uma reflexão crítica da práxis sociorreligiosa e da própria estrutura da Igreja, em especial da ideia de comunidade como espaço privilegiado para a compreensão de outras questões sociais que emergem do campo religioso. Contudo, o que constatamos é que a Religião continua ocupando um espaço primordial na vida das pessoas, criando realidades novas, munindo-as de fé e esperança, aplacando a sede de uma vida isenta de sofrimentos e desencantos, tornando-se, em muitos casos, a única fonte de acoroçoamento. Entrevemos que o açambarcamento do poder da religião na vida das pessoas é tão entranhado e abrangente que demanda ferramentas de diversas Ciências para ser compreendido satisfatoriamente.

À vista disso, a temática aqui abordada não se esgota em nossa proposta, pelo contrário, abre-se para novas hipóteses ou possibilidades de estudos, como, por exemplo, o próprio conceito de *locus numinoso* ou de religião e conflito, ou ainda de religião e violência simbólica, ritos e símbolos como mecanismos de inclusão, enfim, inúmeros outros temas inerentes ao poder de exclusão e inclusão que carecem de estudo sob novas perspectivas. Temas, conceitos e enunciados que surgiram no decorrer da elaboração desta pesquisa e que demandam um estudo posterior mais entranhado. O que este livro propôs foi apresentar um caminho de decifração do catolicismo a partir do enfoque das relações dialéticas de exclusão e inclusão na Igreja que regem a vida social. Procuramos, portanto, colocar em evidência esse tipo de relação que existe nos recônditos do campo religioso e do espaço sagrado para buscar observar o social na escala das vidas e temporalidades próprias das pessoas, descobrindo que tipo de função a religião continua exercendo na sociedade. Esse traçado nos permitiu apreender e demonstrar o que não se deixa capturar pela visão superficial das relações no espaço sagrado, apontando, assim, novos horizontes nas relações sociais que não apenas a resignada adaptação às regras dominantes.

O drama da exclusão e o desejo de inclusão perpassaram todos os relatos recolhidos nas pesquisas de campo (seja nas entrevistas, nas conversas informais ou nas observações, *in locus,* dos espaços de atuação religiosa das mais distintas categorias de pessoas), revelando situações que configuram uma problematização social da religião que cristaliza expectativas, esperanças e projetos individuais e grupais. Circunstâncias que reativam e recolocam a centralidade da religião nas dinâmicas sociais, solidificando, em torno da mesma, a compreensão do que acontece no mundo social. O sentido da religião na vida destes atores sociais foi avaliado a partir de relações muitas vezes tensas e descompassadas e das transmutações que decorrem no campo religioso a partir destas relações conflituosas, que classificamos como dialéticas. A conexão entre espaço sagrado e campo religioso resultou num *locus numinoso* que compreendemos como a totalidade da vida religiosa e social, tecendo, assim, relações que apontam para a possibilidade da inclusão social a partir da dinâmica apresentada.

A pesquisa, que resultou neste livro, procurou sugerir a Religião Católica e seus espaços não só como um terreno de resistência às atuais tendências de mercantilização perversa e excludente da vida social, mas também uma reafirmação da mesma como valor aberto às dimensões do direito e da justiça. O que se perfilou ao longo destes textos foi a importância do espaço religioso na vida das pessoas. É nele que se processam representações sociais regidas pelos valores da igualdade, da fraternidade e da exigência de reciprocidade nas relações sociais. O contraponto entre a vida religiosa e a vida social ofereceu, portanto, uma chave de leitura das representações coletivas em que as personagens compareceram em ação, fazendo escolhas e mobilizando estratégias para lidar com os conflitos. Apuramos que alguns se adaptam e se dobram às condições dadas, outros buscam contorná-las, construindo alternativas para a realização de si e de seu grupo.

Entre outras coisas, também procuramos tratar, nesta pesquisa, das transformações silenciosas provocadas na vida social e pessoal, a partir da inserção e prática no campo religioso, mostrando as afinidades entre a religião e as mudanças nas formas de convívio social. A essas transformações atribuímos o engendramento de um *locus numinoso* de relações de força que consiste na eficácia simbólica de inserir ou de eliminar dos cenários religiosos e consecutivamente sociais aqueles que a eles não se amoldam. Ao adotarmos como procedimento de pesquisa o enfoque no campo religioso com ênfase nos espaços sagrados de distintas áreas da Igreja Católica e na conformação de um *locus numinoso*, usamos a dialética como categoria de análise para demonstrar em que consiste o poder simbólico da religião. Por uma predileção metodológica, procuramos partir de dados gerais para chegar a situações particulares da Igreja nas áreas supracitadas, buscando, por fim, uma síntese das categorias de exclusões e inclusões que ocorrem nos espaços sagrados do catolicismo, para, novamente, visualizar conjunturas coletivas da Igreja como um todo, cujas disposições possam responder à problemática social. Acreditamos que tal dinâmica se fez necessária para fundamentar o tema aqui proposto, oferecendo uma síntese da ação religiosa, pois a mesma se insere num espectro bem maior, que é o universo de uma estrutura organizada, cujo poder simbólico buscamos demonstrar. A priori, o procedimento ou método utilizado para a elaboração desta pesquisa foi o recolhimento de dados que contribuíssem para demonstrar quem são, como vivem e agem os sujeitos da ação da Igreja, para, *a posteriori*, delinear novos caminhos para se estudarem as situações de exclusão e inclusão na Igreja Católica, centrada na realidade dos grandes centros urbanos.

Com isso, constatamos que a força de atração da religião, nos grandes centros, está justamente na capacidade de incorporar a diversidade de sofrimento das pessoas que, de alguma forma, foram alijadas e que a procuram para preencher não somente suas necessidades espirituais, mas igualmente a necessidade do ser social, ou seja, buscam ainda a Igreja como espaço de sociabilidade e segurança. É, outrossim, a busca de integração consigo e com a mesma sociedade que as exclui de outros espaços. Descobrimos que o sofrimento acarretado pela multiplicidade de situações de supressão social é trazido para o espaço sagrado, e ali o fiel se apoia nas supostas atitudes de fé, muitas vezes contraditórias e até competitivas, mas que se revelam, mesmo que de uma forma simbólica, eficazes no encorajamento para o enfrentamento dos obstáculos e na busca de soluções para os problemas do dia-a-dia. Parte dos dados que comprovam esse encorajamento foi recolhido por meio das pesquisas de campo, como, por exemplo, os depoimentos, os testemunhos, as entrevistas, as conversas informais, confissões, bilhetes e cartas direcionadas aos santos etc. Tudo isso ajudou a compor uma teia de elementos que comprovam o poder que a religião tem na vida das pessoas que se deixam mover pela dimensão do *numinoso* em seu *locus* respectivo, criando ali pequenos guetos de resistência. O templo torna-se, assim, revelador de uma arena de disputas em torno do sentido do sagrado e da aquisição e domínio dos bens simbólicos. Desse modo, há os que procuram a religião em busca daquilo que ela pode oferecer – além de seu poder de integração da ordem, usando do espaço e dos poderes que ela lhes confere para sobrepor-se a outros – e os que a buscam porque veem nela algo capaz de dar respostas às questões da vida e da morte que se colocam no dia-a-dia da existência social.

Finalmente, acreditamos que, com esta pesquisa, agora nas mãos dos leitores em forma de livro, contribuímos para demonstrar que a religião possui um poder simbólico que possibilita o arranjo social. A partir da problemática que aqui analisamos, com seus aspectos paradoxais, podem-se seguir os indícios de uma realidade social mais ampla que merece outras abordagens que venham reforçar o que aqui apontamos. O objetivo deste livro foi combinar algumas formas de pesquisa, tanto teórica quanto prática, com os dados recolhidos nas pesquisas de campo e comparações com inferências de outros pesquisadores para se chegar ao que propusemos no início. Esses contrapontos demonstraram que a busca pela Religião é um recurso eficaz que contribui na integração social da pessoa, e a Igreja, nesse caso, funciona como um espaço de sociabilidade e ponto de convergência onde se busca estruturar a vida social a partir do fundamento religioso.

Para se chegar às inferências distribuídas no decurso deste livro, empregamos ainda a técnica de questionários direcionados às mais distintas pessoas, que ajudaram a apontar a realidade que desejávamos pesquisar. Esses questionários tiveram como objetivo, entre outras coisas, sinalizar a fé e mapear as atividades religiosas como meio de inclusão social, demonstrando a ação e atuação na Igreja como fatores que contribuem para mudar os paradigmas religiosos e suas vidas a partir da inserção nos espaços sagrados. A observação dos rituais praticados no exercício da fé foi também outro procedimento que utilizamos, e essas observações foram feitas *in locus*, através das anotações das ações e comportamentos que ocorrem nestes espaços. Esses rituais demonstraram que esses atos são também manifestações do desejo mimético, um tipo de desejo, segundo René Girard (1998, p. 184), que impulsiona o ato religioso e proporciona o contato com a trama de símbolos e de sentidos que sustentam a fé e confirmam as normas que orientam a ação das pessoas por imitação uma das outras, apontando para um universo de ritos e símbolos que revelam o poder do *numinoso* no processo de integração das pessoas em determinados grupos entremeados por conflitos já vistos anteriormente. Com tais procedimentos, acreditamos ter demonstrado que a prática religiosa está no centro da compreensão do próprio sentido da vida social. Essa compreensão permite acionar o estoque de referências e práticas que compõem o sistema de ideias e padrões de comportamento que formam o tecido social e estruturam a compreensão do mundo e das atitudes com o sagrado e, acima de tudo, das condutas de um para com o outro.

Podemos dizer, enfim, que os procedimentos metodológicos e as técnicas desenvolvidas nesta pesquisa não foram completas, mesmo assim acreditamos ter contribuído ao trazer para a discussão a ideia da exclusão e inclusão social a partir do referencial da religião. O estudo dessa temática proporcionou-nos uma série de interrogações e inquietudes, mas não foi possível confrontá-las neste espaço, deixando o caminho aberto para outros estudos posteriores. Nesse sentido, apesar dos inúmeros estudos sobre a influência que a religião exerce no mundo social, procuramos contribuir captando seu poder de influir na vida pessoal e grupal de diferentes segmentos da sociedade.

Considerações Finais

Contido no próprio título (Religião e Exclusão Social), um dos principais objetivos deste livro foi demonstrar o poder que a Religião Católica ainda exerce na vida individual e coletiva, principalmente daquelas pessoas e grupos que lhes estão sujeitos. Poder tanto de incluir quanto de excluir, seja de seus quadros, de seus espaços de domínio ou de determinados grupos sociais.

Com o objetivo de demonstrar tanto a inclusão quanto a exclusão social através da religião, optei pelo *método dialético* de abordagem do tema proposto. Assim sendo, procurei desenvolver na construção do conjunto dos textos ora apresentados, como ocorre o processo de inclusão e exclusão que faz da Religião um *instrumento simbólico* de dominação. Descrevi no decorrer dos textos que, pelo fato do poder simbólico da religião estar fundamentado em dois fatos opostos e contrários, implica em conflito (contradição), o qual aparece em diversos momentos deste livro, sobretudo quando trato da assimetria de direitos e deveres entre as diversas categorias que disputam os espaços sagrados.

Junto com o método dialético que pretendeu perpassar todo o trabalho, utilizei também outros métodos, como, por exemplo, o *método descritivo*. Trabalhei com duas áreas específicas, chamadas aqui de setores: o *setor Pinheiros*, na região Sé, de São Paulo, e o *setor Santo Antônio*, de Osasco, que engloba uma área periférica. Foram esses meus campos privilegiados de pesquisa, onde busquei coletar os principais dados disponíveis neste trabalho. Esses dados resultaram em mapas, tabelas, organogramas e gráficos que contribuíram para a exposição dos resultados da pesquisa de campo, porém ajudaram a torná-lo mais extenso do que o pretendido. Busquei descrever, na primeira parte, essas duas áreas, e fazer entre elas, ao longo dos demais capítulos, um contraponto que resultasse em dados que contribuíssem para demonstrar o poder simbólico de exclusão e inclusão da religião. A partir disso, para inferir dados que comprovassem a tese aqui proposta, foi necessário também utilizar o *método comparativo*. Duas realidades bem distintas, como pudemos conferir na primeira parte, porém com resultados similares quanto ao exercício do poder simbólico da religião de excluir e incluir. O que me levou a concluir que o referido poder não é algo próprio de uma realidade específica, mas da Igreja Católica como um todo e sobretudo da religião como um fato social que ajuda a determinar a posição que o indivíduo ocupa na sociedade. Daí o apontamento de elementos de outras realidades bem distantes dos dois campos de pesquisas, como também de outras religiões que exercem, embora de forma distinta, a mesma categoria de poder. Esse método proporcionou identificar as *condições-limites* das duas áreas pesquisadas e suas similaridades e, assim, concluir que tanto na periferia quanto nos bairros mais centrais a religião é um importante fator de sociabilidade. Deram grande contribuição para a utilização desse método as teorias de Radcliffe-Brow, Franz Boas etc.

Ainda no apontamento dos métodos usados na construção desta pesquisa, destaquei um outro método que pode ser considerado um desdobramento do método comparativo, porque entre ambos existe uma estreita combinação, e é quase impossível utilizar um sem fazer uso do outro. Refiro-me ao *método de variação concomitante* ou simplesmente de "*covariação*", que, de certa forma, também apliquei no decorrer do livro. Ele foi utilizado durante a pesquisa de campo quando procurei identificar nas duas áreas, de um modo mais acentuado na capital de São Paulo, os fatores geográficos, históricos e sociais que são indicadores de determinadas adaptações socioculturais, tendo a religião como indicador de exclusão ou inclusão social correlacionado com outros indicadores, como, por exemplo, cor da pele, renda familiar, privação social, migração, escolaridade, violência e outros tantos elementos que desses se desdobram. Esses dados aparecem na sequência de mapas aqui apresentados e na reflexão sobre a inclusão ou exclusão proporcionada pela Igreja em outros campos que levam em conta fatores como os que aparecem nos mapas.

Quero lembrar ainda que, ao utilizar, no decorrer destes escritos, autores como Radcliffe-Brow e Malinowski, fiz uso também, em alguns momentos, do *método funcional*. Assim sendo, quis chamar a atenção para a interdependência entre as duas partes deste livro. Procurei "costurar" uma à outra, pois se tornou difícil tratar de uma sem ter em vista o conjunto ao qual ela faz parte. Procurei distribuir os capítulos de ambas as partes levando em conta a sequência lógica de interdependência entre eles com o todo que formam. Assim sendo, busquei manter, em cada uma delas, a interdependência que pede o *método funcional* e, sobretudo, o *método dialético*. Desse modo, a primeira parte seria como que uma espécie de *tese*. A segunda, a *antítese,* e as considerações finais, a *síntese*. Essas síntese é, na verdade, uma nova tese, ou seja, aponta elementos que se desdobram em outro tema, o do *poder simbólico da religião*, de que trato em outro livro.

Nessa ordem de disposição dos temas, busquei tratar na primeira parte dois conceitos que permeiam todo o livro: *espaço sagrado* e *imaginário religioso*. Para descrevê-los recorri às teorias de Mircea Eliade, Pierre Bourdieu, Jacques Le Goff, entre outros. No campo de pesquisa, esses "*espaços sagrados*" estão configurados nos templos e nas áreas de jurisdição da Igreja Católica, e o "*imaginário religioso*", tido como a *universalidade* que existe no pensamento dos sujeitos católicos, visto também como sinônimo de *representações coletivas* e *representações sociais,* serviu como guia analítico deles. Nesse primeiro capítulo, ao analisar o catolicismo na metrópole e classificar os espaços sagrados das duas áreas pesquisadas, descobrimo-lo como *locus* de "*relação social de aptidão*", isto é, um derivado, segundo Max Weber, da "*relação social de luta*". É um espaço onde as ações se determinam pelo propósito de impor a própria vontade contra a resistência da outra ou das outras partes (Weber, 1983, p. 94). Trata-se da aquisição formalmente pacífica de um poder de capacidade próprio em prejuízo das possibilidades de outros (Weber, 1983, p. 94).

Para melhor entender as relações que ocorrem nos espaços sagrados, achei conveniente traçar o perfil da população dos dois setores investigados e a tipologia daqueles que, de alguma forma, se relacionam nesses referidos espaços. O perfil foi exposto de forma objetiva por meio de dois mapas legendados, os quais, quando comparados, revelam quem são e o que pensam os habitantes dessas duas áreas. Quanto ao tipo, foram detectados 6 (seis) tipos distintos, sendo que todos, de uma forma ou de outra, contribuem para compor o cenário dos espaços sagrados e as relações que lá se desenvolvem. Esse levantamento motivou-me a buscar descobrir o conjunto dos fatores que determina a frequência desses habitantes nesses espaços. Um desses fatores é a busca do templo como comunidade, espaço sagrado e lugar de representações sociais que favorecem a inclusão. A comunidade como espaço real e simbólico que propicia uma teia de relações que aumenta os níveis de sociabilidade. Desse modo, aos poucos, fui visualizando a função social da comunidade religiosa, que é, entre outras, a de suprimir a exclusão. Descobri que a comunidade religiosa, formada nos templos e adjacências, representa um espaço que, além de oferecer conforto espiritual, oferece segurança, tornando-se, portanto, um espaço de sociabilidade entre seus membros, uma forma de inclusão social.

A essa altura da pesquisa senti necessidade de trabalhar os conceitos de *exclusão* e *inclusão,* e foi o que procurei fazer na segunda parte, quando tratei desses dois conceitos dentro de um processo dialético. Vi que a exclusão, em seus vários desdobramentos, funciona como quebra de vínculo entre o indivíduo e a sociedade. Quando isso ocorre, resta a comunidade, cujo papel ou função é acolher e propiciar sua inclusão, através do oferecimento de recursos simbólicos, estruturando, assim, o processo de reintegração num outro meio social, oferecendo espaços e possibilidades de acolhidas àqueles que de alguma forma se sentem ou foram, de fato, excluídos.

Ainda na segunda parte, busquei demonstrar a tese da dialética da exclusão e inclusão social a partir do referencial religioso, fazendo um levantamento cartográfico das religiões na capital paulista, cruzando-o com outros indicadores sociais, como cor da pele, renda familiar, privação social, migração, escolaridade e violência. Para isso usei o *método bibliográfico* (ou *arquival*), em que foram utilizados, além de pessoas como informantes, documentos, fontes bibliográficas, resultados de recentes pesquisas e mapas, entre outras fontes. Confrontei tudo isso com as pesquisas de campo que fiz e cheguei à conclusão de que as regiões habitadas por pessoas de maior poder aquisitivo são de predominância católica, enquanto que nas periferias encontra-se um maior número de evangélicos pentecostais. Deste modo, a cartografia das religiões na região metropolitana de São Paulo ajudou a confirmar a tese da dialética da exclusão e inclusão social exercida pela religião porque evidencia o fortalecimento econômico dos fiéis, agregando em seus quadros os de maior poder aquisitivo, revelando, assim, a estreita relação entre religião e estratificação social. O catolicismo como a religião dos socialmente incluídos, isto é, da maioria branca, com maior nível de escolaridade e com renda a partir de dez salários mínimos, como podemos conferir nos mapas, vem confirmar que, na prática, ser católico ainda representa ter maior aceitabilidade social, dado este que chega a camuflar a realidade dos resultados das pesquisas censitárias. Ademais, a partir do dado da localização domiciliar por religião e, consecutivamente, dos fatores a ela agregados, foi possível compor outros mapas que apontaram os principais indicadores sociais de pobreza, contribuindo, assim, para conhecer a realidade da metrópole. Os dados aqui apontados podem ajudar na busca de alternativas que revertam o agravamento do quadro da exclusão que se amplia nas bordas da metrópole de São Paulo.

Para finalizar, apontei as assimetrias de direitos entre homens e mulheres dentro da Igreja Católica. Embora esse seja um tema latente e intrigante quando se trata da exclusão e inclusão na Igreja, busquei não entrar na discussão da questão de gênero, ainda que ela apareça com bastante evidência no conjunto da obra. Neste aspecto, destaco a importância da religião para se firmar socialmente, trazendo exemplos recolhidos na pesquisa de campo e em fontes secundárias que ajudaram a demonstrar a religião como princípio integrador do indivíduo na sociedade. A soma dos resultados das diversas entrevistas que fizemos nos dois campos de pesquisa evidenciou a importância que a religião tem na vida da maioria das pessoas. Importância não apenas no sentido da fé, isto é, de ajudar as pessoas a liberarem energia para sustentar a vida diária e tranquilizá-las das atribulações diárias, mas sobretudo da religião como sistema simbólico estruturante que ajuda a integrá-las na sociedade. A religião como cumpridora de um importante papel no processo de inclusão social.

Para a elaboração desta obra, além da pesquisa de campo, que contempla contribuições fornecidas pelos informantes e a coleta de dados através da aplicação de questionários e entrevistas, fiz uso dos resultados de diversos órgãos de pesquisas e consultei arquivos e documentos da Igreja. Além disso, contei com a contribuição bibliográfica de diversos autores, que constam na bibliografia final deste livro. Alguns foram mais utilizados que outros, porém a maioria deu contribuição direta, oferecendo ferramentas teóricas para a comprovação da tese proposta.

Referências Bibliográficas

ADORNO, Theodor. *Negative dialectics*. New York, The Continuum Publishing Company, 1999.

ALONSO, Maria Rita. *A missa dos bacanas*. In: Revista *Veja*, São Paulo, 9 de junho de 2004, p. 10-12.

ALVES, Rubem. *O cavaleiro da Boa Esperança*. In: São Paulo, Revista *Kalunga*, Ano XXXI, n. 159, abril de 2004, p. 11-13.

ARISTÓTELES. *Ética a Nicômaco*. Col. *Os Pensadores*. São Paulo, Abril Cultural, 1973.

BALANDIER, Georges. *Antropologia Política*. São Paulo, Difusão Europeia do Livro e Editora da Universidade de São Paulo, 1969.

BASTIDE, Roger. *As religiões africanas no Brasil*, vol 2. São Paulo, Pioneira, 1971.

__________. *Sociologia das doenças mentais*. Lisboa, Publicações Europa-América, 1965.

BINGIMER, Maria Clara L. *A mulher na Igreja hoje a partir e além do Concílio Vaticano II*. In: REB, Fasc. 249, vol. XLIII. Petrópolis, Vozes, Janeiro de 2003, p. 23-46.

BÍBLIA SAGRADA. *Tradução da CNBB*. 2ª ed., São Paulo, Loyola e outras Editoras, 2002.

BOFF, Leonardo. *El gran restaurador*. In: Separata. Revista Conciencia Latinoamericana, Vol. XIV. n.11, Colombia, Abril-Julio 2005, p. 7-9.

BOURDIEU, Pierre. *A economia das trocas simbólicas*. 3ª ed., São Paulo, Perspectiva, 1992.

Catecismo da Igreja Católica. Petrópolis, Vozes, 1993.

CAMARGO, Cândido Procópio Ferreira De (Org.). *Católicos, Protestantes, Espíritas*. Petrópolis, Vozes, 1973.

CAMPOS, André [et al.]. *Atlas da exclusão social no Brasil. Dinâmica e manifestação territorial*. 2ª ed., São Paulo, Cortez, 2004.

CASTEL, Robert. *As armadilhas da exclusão*. In: Vv. AA. *Desigualdades e a questão social*. 2ª ed., São Paulo, Educ, 2004, p. 17-50.

CERIS, *Anuário Católico do Brasil*, vol. 1 e 2. Rio de Janeiro, CERIS, 2000.

Concílio Ecumênico Vaticano II. *Constituições – Decretos – Declarações – Documentos e Discursos Pontifícios*. São Paulo, Paulinas, 1965.

Dias, Edney Cielici. *De cada três paulistanos, um mudou de religião*. In: *Folha de S.Paulo*, domingo, 14 de dezembro de 2003.

Durkheim, Émile. *Da divisão do trabalho social*. 2ª ed., São Paulo, Martins Fontes, 2004a.

__________. *O suicídio. Estudo de sociologia*. São Paulo, Martins Fontes, 2004b.

Frazer, James George. *La Rama Dorada. Magia y Religión*. 3ª ed., México – Buenos Aires, Fondo de Cultura Económica, 1946.

Gebara, Ivone. *Declaración Red de Católicas por el Derecho a Decidir en América Latina. Murió el Papa*. In: Separata. Revista Conciencia Latinoamericana, vol. XIV, n. 11, Colombia, Abril-Julio 2005, p. 2-5.

Geertz, Clifford. *A interpretação das culturas*. Rio de Janeiro, LTC, 1989.

Girard, René. *A Violência e o Sagrado*. São Paulo, Paz e Terra & Unesp, 1998.

Habermas, Jürgens. *Tolerância política, cultural e religiosa*. In: *Folha de S.Paulo*, Caderno "Mais", São Paulo, 5 de janeiro de 2003, p. 10-14.

Hegel, George W. Friedrich. *Enciclopédia das ciências filosóficas em compêndio (1830)*. I – *A ciência da lógica* [1ª ed., 1830]. São Paulo, Loyola, 1995.

Jacob, César Romero [et al.]. *Atlas da filiação religiosa e indicadores sociais no Brasil*. Rio de Janeiro e São Paulo, Puc-Rio e Loyola, 2003.

Kant, Emmanuel. *A crítica da razão pura*. Lisboa, Caloustre Gulbenkian, 1997.

Lenoir, R. *Les exclus*. Paris, Seuil, 1974.

Lima, João Gabriel de. *Nós somos ateus*. In: Revista Veja, ed. 1754, ano 35, n. 22, São Paulo, 5 de janeiro de 2002, p. 84-86.

Malinowski, Bronislaw. *Magia, ciência e religião*. Lisboa, Edições 70, 1984.

Mannheim, Karl. *Sociologia Sistemática. Uma introdução ao estudo da sociologia*, São Paulo, Pioneira, 1949.

Martins, J. de S. *Exclusão social e a nova desigualdade*. São Paulo, Paulus, 2003.

Marx, Karl. *Contribuição à crítica da economia política*. São Paulo, Martins Fontes, 2003.

Marx, Karl & Engels, Friedrich. *Manifesto do Partido Comunista*. 9ª ed., Petrópolis, Vozes, 1999.

Mott, Luiz. *Entrevista* a Braga, Maria José. In: Jornal *O Popular* de 22 de agosto de 2003, entrevista de n. 21. Consulta *on line* em 20/4/2004.

Neri, Marcelo. *A Ética Pentecostal e o declínio católico*. Temas Sociais, São Paulo, Fundação Getúlio Vargas, maio de 2005, p. 58-59.

NUNES, ROSADO, MARIA JOSÉ F. *Mulheres e Catolicismo no Brasil: uma questão de poder.* In: *Interfaces do sagrado em véspera de milênio.* São Paulo, CRE - PUC-SP e Olho Dágua Editora, 1996, p. 74-96.

__________. *Freiras no Brasil.* In: PRIORE, Mary Del (Org.). *História das Mulheres no Brasil,* Contexto e UNESP, São Paulo, 2001, p. 482-509.

OLIVEIRA, Pedro Assis Ribeiro de. *A sociologia da religião em Pierre Bourdieu.* In: ROLIM, Francisco Cartaxo. *A religião numa sociedade em transformação.* Petrópolis, Vozes, 1997, p. 112-119.

OUTHWAITE, Willian & BOTTOMORE, Tom (Ed.). *Dicionário do pensamento social do século XX.* Rio de Janeiro, Jorge Zahar Editor, 1996.

PAUGAM, Serge. *Abordagem sociológica da exclusão.* In: VÉRAS, Maura Pardini Bicudo. *Por uma sociologia da exclusão social. O debate com Serge Paugam,* São Paulo, Educ, 1999, p. 49-62.

__________. *Que sentido é preciso dar à exclusão?* In: VÉRAS, Maura Pardini Bicudo (Ed. e Org.). *Hexapolis. Desigualdades e rupturas sociais em metrópoles contemporâneas.* São Paulo, Educ, 2004, p. 15-25.

PERROT, Michelle. *Les femmes ou les silences de l'histoire.* Paris, Flamarion, 1998.

__________. *Mulheres públicas.* São Paulo, Unesp, 1998b.

PIERUCCI, Antônio Flávio. *Reencantamento e dessecularização. A propósito do auto-engano em sociologia da religião.* São Paulo, Novos Estudos CEBRAP, n. 49, novembro de 1997, p. 99-117.

PISSAREK-HUDELIST, Herlinde. *Dicionário de Teologia Feminista.* Petrópolis, Vozes, 1997, p. 13 e 41.

PLATÃO. *A República.* 2ª ed., Lisboa, Caloustre Gulbenkian, 1993.

PRANDI, Reginaldo. *Religião paga, conversão e serviço.* In: PIERUCCI & PRANDI. *A realidade social das religiões no Brasil,* São Paulo, Hucitec, 1996, p. 257-273.

QUEIROZ, Maria Isaura Pereira de. *O campesinato brasileiro. Ensaios sobre civilização e grupos rústicos no Brasil.* 2ª ed., Petrópolis, Vozes, 1976.

__________. *Cultura, sociedade rural, sociedade urbana no Brasil.* Rio de Janeiro e São Paulo, LCT/Edusp, 1978.

RAMING, Ida. *Dicionário de Teologia Feminista.* Petrópolis, Vozes, 1997, p. 133-134.

REIS, João José. *A morte é uma festa. Ritos fúnebres e revolta popular na Bahia do século XIX.* São Paulo, Companhia das Letras, 1995.

ROLNIK, Raquel. *São Paulo.* 2ª ed., São Paulo, Publifolha, 2003.

SAFFIOTI, Heleieth Iara Bongiovani. *A mulher na sociedade de classes: mito e realidade.* 2ª ed., Petrópolis, Vozes, 1979.

SALGADO, Eduardo. *A catedral gay*. In: Revista *Veja*, 16 de novembro de 2002, ano 35, n. 41, edição 1773, São Paulo, Abril Editora, p. 58.

SINGER, Paul. *Globalização e desemprego; diagnóstico e alternativas*. São Paulo, Contexto, 1998.

SOARES, Glauco. *A ciência prova: a fé ajuda a viver melhor*. In: SBPC – Sociedade Brasileira para o Progresso da Ciência. *Jornal da Ciência*. Sexta-feira, 8 de abril de 2005.

SPENCER, H. *Princípios de sociologia*. Londres, 1876.

SPOSATI, Aldaíza. *Exclusão social abaixo da linha do Equador*. In: BICUDO, Maura Pardini (Ed.). *Por uma sociologia da exclusão social. O debate com Serge Paugam*, São Paulo, Educ, 1999, p. 126-138.

WACH, Joachim. *Sociologia da Religião*. São Paulo, Paulinas, 1990.

WEBER, Max. *Conceitos básicos de Sociologia*. 2ª ed., São Paulo, Centauro Editora, 2002.

__________. *Fundamentos da Sociologia*. 2ª ed., Porto, Rés, 1983.

__________. *Economia e Sociedade*, vol. 1. Brasília e São Paulo, UnB e Imprensa Oficial, 2004.

__________. *Economia e Sociedade*, vol. 2. Brasília-DF, UnB, 1999.

__________. *A Ética Protestante e o Espírito do Capitalismo*. 11ª ed., São Paulo, Livraria Pioneira Editora, 1996.

__________. *Historia económica general*. 3ª ed., México y Buenos Aires, Fondo de Cultura Económica, 1961.

__________. *Os fundamentos racionais e sociológicos da música*. São Paulo, Edusp, 1995.

__________. *Estudos políticos. Rússia 1905 e 1917*. Rio de Janeiro, Azougue Editorial, 2004.

__________. *História agrária romana*. São Paulo, Martins Fontes, 1994.

__________. *The Sociology of Religion*. Boston, Beacon Press, 1963.

WILSON, Bryan. *Contemporary transformations of religion*. Oxford: Clarendon Press/Oxford University Press, 1976.

WILSON, Nancy L. Revda. Opispa. Iglesias de la Comunidad Metropolitana. Moderadora. *Novena Assemblea del Consejo Mundial de Iglesias*. Porto Alegre, Brasil, 20 de febrero de 2006. Consulta on line em 14/11/2006.

YINGER, J. M. *Religion, society, and the individual*. New York, Macmillan. In: OUTHWAIT, Willian & BOTTOMORE, Tom (ed.). *Dicionário do pensamento social do século XX*. Rio de Janeiro, Jorge Zahar Editor, 1996, p. 660.